名师名校名校长

凝聚名师共识
回应名师关怀
打造名师品牌
培育名师群体

春风化雨，乐学语文

——小学语文名师工作室助力师生成长

林海霞 汪 雪 王玉兰 / 编著

吉林文史出版社

图书在版编目（CIP）数据

春风化雨，乐学语文：小学语文名师工作室助力师生成长 / 林海霞，汪雪，王玉兰编著. — 长春：吉林文史出版社，2024.5

ISBN 978-7-5752-0274-9

Ⅰ.①春… Ⅱ.①林… ②汪… ③王… Ⅲ.①小学语文课—教学研究 Ⅳ.①G623.202

中国国家版本馆CIP数据核字（2024）第109963号

春风化雨，乐学语文：小学语文名师工作室助力师生成长
CHUNFENG – HUAYU LE XUE YUWEN XIAOXUE YUWEN MINGSHI GONGZUOSHI ZHULI SHISHENG CHENGZHANG

编　　著：林海霞　汪　雪　王玉兰
责任编辑：吕　莹
封面设计：言之凿
出版发行：吉林文史出版社
电　　话：0431-81629359
地　　址：长春市福祉大路5788号
邮　　编：130117
网　　址：www.jlws.com.cn
印　　刷：北京政采印刷服务有限公司
开　　本：170 mm×240 mm　1/16
印　　张：16
字　　数：251千字
版　　次：2024年5月第1版
印　　次：2024年5月第1次印刷
书　　号：ISBN 978-7-5752-0274-9
定　　价：58.00元

目 录

第三辑
夯实基础，教学落实

第四辑
总结为基，反思拓展

第五辑
阅读推荐，快乐分享

附 录

第一辑

名师引领，砥砺前行

奋楫笃行，臻于至善

　　新疆生产建设兵团小学语文林海霞名师工作室，以线上线下研修培训为主要依托，以课题研究为重要方式，以教学研讨为主要内容，遵循优秀教师成长规律，以理论学习、教学主题研讨、课堂观摩、专家引领为主要的研修形式，切实提高工作室成员的个人修养和专业素养。通过三年为一个周期的工作计划实施，有效地推动名师工作室成员的专业成长，力争形成在兵团、师市区域内有较大影响力的、具有引领和辐射作用的小学语文骨干教师群体，努力培养成员逐步成为小学语文领域有一定知名度和影响力的名师，并努力建设充满灵性教育智慧的名师工作室团队，为兵团教师专业发展做出贡献。

　　团结汇聚精神，协作凝聚力量。工作室的全体成员凝心聚力，为把工作室做得更好、更强而不懈努力。时光荏苒，研究的脚步不会停歇。回首三年来并肩作战、携手同行，我们的内心充满感谢，感谢这个有思想、有凝聚力、有生命活力的团队，在交流中取长补短，在实践中拼搏进取。我们坚信：只要大家不忘初心，砥砺前行，前进的道路就一定会洒满阳光！

（新疆生产建设兵团第十师北屯中学林海霞撰）

凝心聚力促成长，笃定前行谋发展

——兵团第十师小学语文林海霞名师工作室简介

兵团第十师小学语文林海霞名师工作室自2021年9月正式成立以来，积极探索工作方法，追寻有效工作路径，以名师引领为突破口，高效课堂为落脚点，建立优秀人才培养机制，团队智慧引领，落实"双减"政策，回归教育本真，带动并影响教师队伍整体素质提高，不断更新教育理念，改进教学方式，提高教学效率，在各级部门的指导下，通过三年扎实开展各项工作，取得一定实效。

一、立足语文学科，加强专业学习

1. 系统培训，入脑入心

组织工作室成员参加及承办线上与线下相结合的课程学习、专家讲座、主题教研活动等共计一百余场，同时，全体成员发挥引领辐射作用，组织本校教师进行新课标学习、同课异构等活动两百余次；承办线上研讨展示课、同课异构共五十余节，邀请多位专家进行课题指导、教师专业成长等专题讲座；积极参加兵团教科院组织的各类主题教研活动。

2. 教研活动，丰富多样

围绕小学语文大单元教学集体备课及二次备课、整本书阅读、多视角分层作业等问题，进行深入探究。组织线上读书分享6场。组织"课堂观察研修模式"线上专题研讨8场。

3. 校本培训，夯实基础

教而不研则浅，研而不教则空。主持人积极开展教学研究的同时带领工作室成员进行深入探讨，督促并鼓励全体成员养成撰写教育故事、课后反思、教学随笔的习惯，向研究型、学习型教师发展。

4. 国培学习，助力成长

林海霞、汪雪、热孜古丽·苏来满、崔宜芳、王婧、曹燕、付伟霞等多位教师参加"国培计划"集中培训，在学习期间教学理念得到革新，通过二次培训，全体教师学以致用，能站在更高的位置审视、反思，不断改进教育教学方式方法。

二、注重专业发展，参与赛事活动

1. 积极参赛，佳绩频传

近年来，工作室全体成员积极参加各级各类赛事，成绩喜人。第二师二十一团中学李迎春老师在兵团教科院组织的现场课大赛中荣获一等奖、兵团教师基本功大赛一等奖；第九师小白杨中学王婧老师荣获兵团现场课大赛二等奖；第十师北屯中学徐萍老师荣获兵团优质课大赛一等奖；第十师一八四团中学教师崔宜芳荣获兵团中小学语文教师素养大赛综合一等奖；第十师一八三团中学张迪老师荣获兵团基本功大赛一等奖；第十师一八一团中学周海燕老师和北屯中学代薇老师均荣获兵团基本功大赛二等奖；第十师一八七团中学王艳老师和一八八团第二中学付伟霞老师荣获教师基本功素养大赛二等奖。另外，林海霞、汪雪、李健英、王玉兰等教师分别荣获论文、案例、微课及课堂教学等赛事一二等奖。

2. 同课异构，交流提升

工作室重点工作是探索构建"双减"背景下用"课堂观察研修模式"达到高效课堂教学效果，塑造工作室成员鲜明的教学风格和特点；通过同课异构、专题研讨等形式，达到理论与实践相结合。

3. 集体备课，资源共享

以兵团名师工作室、义教联盟牵头组织区域联盟校集体备课工作，达到优质资源共享，同时全体教师在备课、授课、课后反思等环节，根据学生实际情况扎实推进二次备课。

4. 以研促教，共同进步

通过集体研讨交流、线上与线下相结合开展形式多样、内容丰富的教研活动，共同提高教师教育教学能力水平。

5. 团队协作，研讨提升

名师、学科带头人、骨干教师等切实发挥示范引领作用：林海霞师徒结对工作持续推进，务实有效；热孜古丽·苏来满、李健英以及王婧等老师通过送课下乡，给薄弱学校教师适时引导点拨，共同进步。

6. 南疆送教，兵地融合

为了切实加强课堂教学研究，有效提高课堂教学效率，建立一个促进交流分享的平台，根据兵团教育科学研究院工作安排部署，兵团小学语文林海霞名师工作室积极响应，主动作为，开展南疆送教活动，携手第一师阿拉尔中学、第十四师皮山农场学校和第十三师柳树泉农场学校共同开展同课异构、专题讲座等主题教研活动。

为深入贯彻落实兵团推进兵地融合发展工作精神，大力促进兵地融合在教育领域融合发展，兵团小学语文林海霞名师工作室与阿勒泰市北屯镇小学开展兵地教育融合发展主题教研活动，促进兵地教育优势资源共享。通过南疆送教、兵地融合，互学互促、共谋发展，开展同课异构及专题讲座等教研活动，助力教师在共同探讨的氛围中提高教学教研水平。

三、课题研究重实效，示范引领作表率

1. 课题成果，激励前行

由林海霞主持的两个国家级子课题已经顺利结题，并取得科研成果一等奖；2022年工作室课题"'双减'背景下群文阅读在小学语文古诗词教学中的应用"，被择优推荐申报国家级科研课题，经专家组审核已经立项，目前各项工作稳步推进中。

2. 示范引领，携手同行

打铁还需自身硬，工作室成员要成为语文学科教学的示范者和青年教师成长的帮扶者。工作室成员结对1～2名青年教师，每周听课、评课、案例分析至少一次，帮助青年教师不断提高教学能力。另外，工作室成员积极参加各级各类赛事活动，开展专题讲座，推广工作室实践成果，真正达到辐射引领效应。

四、漫漫攀"研"路，涓涓活"水"来

工作室简报、美篇集全体成员智慧结晶，图文并茂、内容丰富，真实记录工作室各项活动开展情况，利用工作室专属公众号、网络媒体等宣传媒介扩大工作室对外宣传力度及工作室知名度。

五、深化学科素养，展示团队风采

1. 成员风采，心路历程

用读书丰盈自我，做教师专业成长的"发动机"。主持人向工作室成员推荐《家庭作业的迷思》《作业设计基于学生心理机制的学习反馈》等图书，每个成员定期到工作室借阅教育专著，让阅读成为自己的习惯。每学期至少研读2本相关书，并做好读书笔记，自我"充电"。

2. 不忘初心，砥砺前行

工作室《春风化雨，乐学语文——小学语文名师工作室助力师生成长》内容涵盖获奖论文、案例、教学设计等优质资源。印制出版后，拟在兵团、师域内进行成果推广。

在今后的工作中，兵团小学语文林海霞名师工作室在兵团教育局、兵团教育科学研究院及师市教育局的引领指导下，各项工作重在"落地"，发展他人，成就自我，赤诚初心，历久弥坚。

（新疆生产建设兵团第十师北屯中学林海霞撰）

凝心聚力，携手同行

——2021年兵团第十师小学语文林海霞
名师工作室工作总结

2021年是中国共产党成立100周年，是"十四五"规划开局之年，也是全面建成小康社会、开启全面建设社会主义现代化国家新征程的关键之年。牢记习近平总书记勉励大家"大力发扬为民服务孺子牛、创新发展拓荒牛、艰苦奋斗老黄牛的精神"，强化履行"以胡杨精神育人，为兴疆固边服务"的职责与使命，加强师德师风建设，加强专业引领，树立教师良好的道德风尚，成为学生成长路上的引路人。

根据兵团教育学会中小学语文专业理事会的指导精神，兵团小学语文林海霞名师工作室为推进语文教育教学研究，促进教师专业发展，做了大量的工作，完成了兵团、师市的各项任务。现将一年的工作总结如下：

一、立足语文学科，加强专业学习

2021年国家在义务教育改革中加大力度，"双减"政策的出台，"减负增质"对教育教学提出了新的努力方向。为了贯彻落实统编版小学语文教材编写理念，激发教师钻研教材、优化教学的热情，从而助力教师成长。

1. 利用网络资源，组织语文教师参加多种形式的培训活动

通过"中国好教师"直播平台，组织教师参加"深度学习下的语文育人"专题讲座；通过直播平台参加了线上学习——"江苏省区域基础教育课程教学改革展示活动（无锡专场）"；通过网络平台聆听了北京大学中文系教授温儒敏的讲座；通过兵团教育科学研究院主办的中小学语文调、听、评课活动，积极参与听评课研讨活动等。还组织师市全体小学语文教师线上观摩2021年11月18～19日江苏省第22届小学语文青年教师课堂教学暨优课评选活动。组织兵团第十师小学语文林海霞名师工作室、十师语文学会全体成员聆听了14节统编版语文优质课，聆听孙双金、薛法根两位特级教师做课堂教学点评，与此同时，陆志平先生的学术报告也使全体观摩教师受益匪浅。

兵团第十师小学语文林海霞名师工作室、十师语文学会在11月26日至28日组织教师通过东南云课堂收看第三届全国"好课我来上"课堂教学暨全阅读课程年度成果展播活动。老师们深切感受到：核心定位，以教材为基点聚焦儿童阅读；减负增质，以课堂为阵地优化阅读策略。一系列线上授课评课、专家讲座以及兵团教育科学研究院主办的语文调、听、评课活动，精彩纷呈，这些新理念在某种程度上吸收了多年来语文教育改革中的经验教训，致力于全面提高学生的语文素养，在强调培养语文能力的同时，注重语文课的人文性，注重语文学科的文化内涵。

2. 组织语文教师通过校本培训得到专业发展

校本培训是教师专业成长的重要途径。北屯中学定期组织教师进行师德师风教育，课题研究的培训，组织教师经验交流及"语文阅读指导、舞蹈、音乐和美术专项基本功素养"培训等，这些校本培训使得教师更加接近实际教学，能够解决实际教学中的一些困惑，提高综合素养。

3. 组织语文教师参加国培、网培等继续教育

更新教师的教育理念，不断改变教学方式，更加适应新时期的教育需要。所有教师外出学习之后做好二次培训经验分享。交流研讨让每一位语文教师都收获到了许多知识和经验。

二、立足专业发展，积极参与教研、赛事活动

1. 鼓励教师参加各级各类教育教学赛事，以比赛促专业素养提升

本年度，组织教师通过校级评比参加兵团、师级说课大赛、现场课大赛、即兴演讲比赛、师新课程新教材说课大赛、"双减、课后服务"背景下的教育教学新举措及五项管理案例评比及班主任素养大赛等，在比赛过程中促进了教师教研能力和综合素养的提高，推动教师不断成长。

在兵团组织的中小学语文教师素养大赛活动中，一八四团中学教师崔宜芳

在师教研室组织的选拔赛中获得综合一等奖；一八八团中学的曹燕、北屯中学的代薇在师教研室组织的选拔赛中获得综合二等奖。通过赛课活动为教师专业成长搭建平台，引领教师专业发展，参赛教师提高了对新课程新教法的认识，坚定了推进新课改的信心。一八四团中学崔宜芳通过遴选代表十师参加兵团小学语文说课、现场课大赛，北屯中学胡伟鹤通过层层选拔代表十师参加兵团中学语文说课、现场课大赛，北屯中学教师顾佳欣通过选拔代表十师参加兵团教师即兴演讲比赛，一八八团二中付伟霞代表十师参加兵团小学班主任素养大赛获得一等奖，一八三团祁小林代表十师参加兵团中学班主任素养大赛获得一等奖。

2. 一八八团中学与石河子八中、九中、十中采用"同课异构+交流研讨+讲座"的方式开展联合教研活动，共同探索教育之路

四校的语文教师同上一节课，不同的设计，不同的风格，同样的精彩。联合教研活动，给教师们提供了学习和交流的平台，开阔了教师们的眼界，对提高教研实效、调动教师参与的积极性，提高课堂教学水平，都有很大的促进作用。

3. 六校联合集体备课，共同搭建教研平台

北屯中学、一八八团中学联合其他几所团场中学开展集体备课活动，按照要求通过线上研讨，形成集体备课教案，再根据学情进行二次备课，集体备课充分发挥了集体的智慧和力量，使教学设计更加规范和合理。

4. 兵团小学语文工作室、第十师语文学会定期组织语文教师开展教研活动

发挥骨干教师作用，每周一主题，围绕教学中出现的问题展开研讨交流，通过集体的力量解决困惑，同时开展展评课，达到取长补短的目的，抓住当前教学改革的热点和难点，在课改大背景之下积极探索适合学生发展需求的真正有效的教学操作策略，促使语文教师在实践、反思、研讨的过程中，不断改进教学行为，寻求促进学生素质全面发展的教学策略。

5. 援疆教师示范引领，研讨共建高效课堂

11月15日，十师研培中心一行、北屯中学王建新校长率队38名各学科教师与一八八团二中校长黄阳贵及18名教师共赴一八八团中学观摩黑龙江省组团援疆的9位教师示范课活动。9位援疆教师示范课涵盖小学语文、数学，中学语文、数学、道德与法治、物理等科目。他们的教学方法灵活多样，语言规范严谨而又极具亲和力，课堂上善于注重对学生思维能力的培养问题，设计层层深入，整堂课不仅巧妙地处理重难点，而且注重对学生进行思想道德的熏陶与教育。在教学组织中，充分把握学生认知规律，发挥点评的艺术价值，调动学生积极踊跃地参与课堂实践探索，使学生在愉悦中掌握了课堂知识，更在教学活动中收获了成功的喜悦，这些都充分体现了生本课堂，高效课堂的理念。

三、注重课题研究及骨干教师、名师学科带头人榜样作用，切实发挥示范引领作用

各级各类课题、赛事佳绩频传。其中林海霞主持的"十三五"国家课题的子课题"基于优秀传统文化的语文课堂教学艺术研究"顺利结题，经总课题专家组评审，荣获课题科研成果一等奖，林海霞荣获优秀主持人荣誉称号。

在2021年小课题研究中，全师语文有31个小课题通过审核，开始进入研究阶段，一八八团中学李心云、北屯中学薛风主持的小课题被遴选为兵团级课题。另外，林海霞主持的国家"十四五"课题子课题也均已进入研究阶段。

通过十师研培中心组织专家评审，谢清涛、林海霞被聘为第十师中小学语文名师工作室主持人；林海霞通过师教育局推荐参加兵团遴选，通过测试及答辩最终脱颖而出被聘为兵团第二批小学语文名师工作室主持人。在兵师级说课、现场课评比中多次担任赛事评委及命题专家。林海霞微课《马诗》荣获兵团一等奖，经教育局推荐参加全国优质课评选活动。林海霞荣获第十师小学语文教师现场课指导教师二等奖；林海霞优化作业设计案例评比《新疆生产建设兵团第十师北屯中学优化作业设计案例》荣获师市级一等奖；林海霞案例《精细管理稳推进落实"双减"重实效》荣获师市级二等奖；林海霞《北屯中学"双减"背景下优化作业设计案例优秀作业设计案例》荣获兵团级三等奖；林海霞被评为2021年北屯中学优秀党务工作者；在北屯中学2021年度考核评定优秀；林海霞担任第十师语文教育学会理事长。

四、立足联盟共建，深化学科素养

深入贯彻兵团教育局关于义务教育学校教育发展联盟会议精神，以"兵团名校十师北屯中学为依托，携手团场义务学校共成长"为目标，以师域联盟为平台，"义教联盟"一共举办了五次专项研讨工作会议，从校园文化建设、教师专业发展、狠抓"双减"落实、师市教育系统绩效考核管理等方面分享经验

和做法。推进各团场学校均衡发展，强化质量监测，精细常规管理，实现十师义务教育学校教育教学质量、管理水平的整体提升。

北屯中学作为阿勒泰地区资深义务教育学校拥有六十年严谨办学的经验，拥有属于自己的教育教学成熟模式，为发挥该校的模范带头作用，尽到区域领军学校的职责，该校与二牧场学校结成兵地手拉手学校，不断选派业务骨干进行支教，向周边团场学校派出骨干教师支教，为响应兵团党委号召，由该校牵头成立义务教育联盟兵团第五区，王建新校长被推选为会长，义教联盟定期开展活动，以科研带教研，全面提升十师义教联盟办学水平。

语文教育在基础教育中，占有重要的位置，新时期对语文教师的要求也越来越高，所以语文教师一定要提升自己的专业素养和能力。语文教师要加强政治素养和文化修养，不断提高综合素质，一名高素质的语文教师，必须具备一定的文学修养，其中不仅是能阅读、吟诵诗歌美文，而且要有一定的文学鉴赏审美能力。从文质兼美的文章中充分汲取营养，不断丰富发展自己，提高自身的文化素养，只有这样才能将学生带入一种鉴赏审美的氛围，正确引导学生，使其感情得到升华，情操得到陶冶，教学也将得到事半功倍的效果。

我们相信，只要继续更新教育观念，真正坚持正确的办学方向，在总结经验教训的基础上，携手与共、笃定前行，在教学研究上下功夫，兵团第十师小学语文林海霞名师工作室各项工作会做得更好！

（新疆生产建设兵团第十师北屯中学林海霞撰）

众志成城，勇毅前行

——兵团第十师小学语文林海霞名师工作室
2022年度工作总结

2022年，兵团小学语文林海霞名师工作室围绕兵团教科院和师市教育局、研培中心工作重点，以习近平新时代中国特色社会主义思想为指导，全面贯彻党的教育方针，贯彻落实《中共中央 国务院关于深化教育教学改革全面提高义务教育质量的意见》《关于进一步减轻义务教育阶段学生作业负担和校外培训负担的意见》，落实国家"双减"工作部署，回归教育本真，守住教育常识不动摇的原则，以五育并举为育人方向，继续把坚持全面深化课程改革和落实立德树人根本任务作为教学研究和师资培训的发力点，积极构建教师成长平台，强化教师队伍建设，切实推动兵团小学语文学科的教学教研工作再上新台阶。现将本年度工作总结如下：

一、立足语文学科，加强专业学习

1. 线上培训，入脑入心

2022年，新课程改革继续推进，"三新"背景下，语文学科的教育教学应该有新的努力方向。为了贯彻落实统编版语文教材编写理念，激发教师钻研教材、优化教学的热情，助力教师成长，开展了形式多样、扎实有效的观摩学习。

利用网络资源，组织语文教师参加多种形式的培训活动：通过"和美课堂"直播平台，组织教师参加名师在线示范课及专题讲座；参加"双减"背景下小学语文课堂提质增效、建构深度学习在线教育观摩研讨会。通过网络直播参加江苏省举办的第22届小学语文青年教师课堂教学观摩暨优课评选活动。通过线上会议直播，观摩"双减"背景下自治区义务教育学科教学质量提升主题研讨活动；组织兵团小学语文林海霞名师工作室全体成员参加"新时代·新课程·新教师"兵团首届基础教育论坛线上培训；组织全师语文教师参加兵团"无纸笔测试"研讨交流活动，为教师们搭建交流平台，实现资源共享；参加兵团小学语文"经验分享助力成长"主题教研活动；参加兵团小学语文教学专业委员会特举办的"尊重个体差异，实践分层教学"主题线上教研活动。

组织全师中小学语文教师参加了兵团二中小学语文刘伦名师工作室承办的小学语文大单元教学课堂展示及课后研讨活动。兵团小学语文林海霞名师工作室承办的小学语文单元整合主题教研活动，各师市小学专（兼）职语文教研员及全体语文教师3788人通过腾讯会议参加了此项活动。北屯中学骨干教师热孜古丽·苏来满和王玉兰老师就单元整体教学不同学段开展了两节说课；乌鲁木齐市教育研究中心鱼利明专家进行讲座。

根据兵团教研室工作安排及师域内教师培训计划，由第十师北屯市教育局主办，第十师教学研究和师资培训中心协办，中国教师研修网承办了"第十师北屯市'双减'背景下中小学骨干教师、班主任能力提升"线上研修活动。

参加了兵团小学语文教学专业委员学会和石河子小学语文教育教学专业委员学会联合开展主题教研活动。

组织兵团小学语文林海霞工作室全体成员相聚在云端，共同聆听了八师石河子市教育局小学语文教研员孙静老师以"'双减'背景下的校本教研改进"为主题的专题讲座。

一系列的线上授课评课、专家讲座以及兵团教育科学研究院主办的语文调、听、评课活动，精彩纷呈，这些新理念在某种程度上吸收了多年来语文教育改革中的经验教训，致力于全面提高学生的语文素养，在强调培养语文能力的同时，更注重语文课的人文性，注重语文学科的文化内涵。

2. 教研活动，丰富多彩

围绕小学语文大单元教学集体备课及二次备课、整本书阅读、多视角分层作业等问题，进行深入探究。组织线上读书分享2场，组织"课堂观察研修模式"线上专题研讨2场。

3. 校本培训，夯实基础

"教而不研则浅，研而不教则空。"主持人在自身积极开展教学研究的同时带领工作室成员进行深入探究，督促并鼓励全体成员养成撰写教育故事、课后反思、教学随笔的习惯，为成为研究型、学习型教师奠定基础。

4. 国培学习，助力成长

林海霞、汪雪参加的"国培计划"兵团名师工作室集中培训，为期15天线上学习，虽然十分忙碌，但是分外充实。在学习期间专家讲座滋润了我们理论上的焦渴，学习心得及简报的撰写使我们在思想上得到了洗涤，教学理念上得到了革新，使我们能站在更高的位置审视、反思，并不断改进教育教学方式方法。

二、注重专业发展，参与赛事活动

1. 积极参赛，佳绩频传

工作室成员第二师二十一团中学李迎春老师在兵团教科院组织的现场课大赛中荣获一等奖、基本功大赛一等奖；第九师小白杨中学王婧老师荣获兵团现场课大赛二等奖；第十师一八三团中学张迪老师荣获兵团基本功大赛一等奖；一八一团中学周海燕老师和北屯中学代薇老师均荣获兵团基本功大赛二等奖。第十师一八七团中学王艳老师和一八八团第二中学付伟霞老师荣获教师基本功素养大赛二等奖。另外，林海霞、汪雪、李健英、王玉兰等教师分别荣获各类赛事一二等奖。

2. 同课异构，交流研究

工作室本学期重点工作之一，是进一步提升成员的课堂教学能力，探索构建"双减"背景下用"课堂观察研修模式"达到高效课堂教学效果，塑造工作室成员鲜明的教学风格和特点。

3. 集体备课，资源共享

以名师工作室、义教联盟牵头组织集体备课工作，从而达到优质资源共享，在备课、授课、课后反思等环节根据学生实际情况扎实推进二次备课。

4. 以研促教，共同进步

通过集体研讨交流、线上与线下相结合开展教研活动，共同提高教师教育教学能力水平。

工作室全体成员参加了由哈尔滨市继红小学、第十师教学研究和师资培训中心、十师语文学会在云端举办的"基于核心素养下的单元整体教学设计"专题培训。老师们认真聆听了哈尔滨市继红小学赵莹莹老师《品读有趣故事 探寻复述足迹》、刘志卓老师《倾听千年的声音 体悟永久的魅力》、何晓晶老师《赏美景悟真情提升阅读思维》及董晓烨老师《基于核心素养下的语文单元整体教学设计》的讲座，让我们对"单元整体教学"有了新的认识，为今后能科学合理设计大单元整体教学提供了有利的指导。

5. 团队协作，研讨提升

名师、学科带头人、骨干教师等切实发挥示范引领作用。林海霞师徒结对工作持续推进，务实有效。王婧老师通过送课下乡，为薄弱学校教师适时引导点拨；工作室携手第一师阿拉尔中学共同开展教学教研主题研讨活动，由第一师阿拉尔中学的杨芳芳老师和十师北屯中学的热孜古丽·苏来满老师共同执教《金色的草地》一课，并针对上课内容进行了说课。两位老师的课各有侧重点，使老师们受益匪浅。

为深入贯彻落实兵团推进兵地融合发展工作精神，大力促进兵地双方在教育领域融合发展，兵团小学语文林海霞名师工作室与阿勒泰市北屯镇小学开展兵地教育融合发展主题教研活动，促进兵地教育优势资源共享。此次活动由北屯镇小学的时浏老师和一八一团的周海燕老师共同执教《穷人》第二课时，并针对上课内容进行说课。以课堂教学、专题讲座为主，以同课异构为切入点，主要从相关规定的把握、教学重点难点突破、师生有效互动等方面开展有针对性的评课议课活动。同时，通过专题讲座研讨交流等形式推进课堂效率的提升。

三、深入课题研究，发挥示范引领

1. 课题成果，激励前行

兵团小学语文林海霞名师工作室组织的课题研究培训会利用腾讯会议在线上如期举行。

本次培训邀请了新疆师范大学教育科学学院《教育学导论》主编李尽晖

教授，作了《教师如何做小课题研究》的专题报告，针对教研课题如何选题、实施过程中应该注意的问题进行了详尽的解读，列举了大量的课题研究实际情况，用实例论证了自己的观点，把一个比较复杂的研究问题简单化了，更便于我们一线老师的实际操作。使工作室成员对课题研究有了一个系统的认识，许多疑惑得到了较好的解决。

2022年工作室课题"'双减'背景下群文阅读在古诗词教学中的应用"，该课题被择优推荐申报国家级科研课题，经专家组审核已经立项，目前各项工作稳步推进中。

2. 示范引领，携手同行

"打铁还需自身硬。"工作室成员要成为语文学科教学的示范者和青年教师成长的帮扶者。本学期，工作室成员结对1~2名青年教师，每周听课、评课、案例分析至少一次，帮助青年教师不断提高教学能力。同时，工作室成员积极参加各级各类赛事活动，开展专题讲座，推广工作室实践成果，达到辐射效应。

四、漫漫攀"研"路，涓涓活"水"来

凝心聚力，不断奋进。工作室简报、美篇集全体成员智慧结晶，图文并茂、内容丰富，截至目前同步出了58期，真实地记录了工作室各项活动开展情况，利用工作室专属公众号、网络媒体等宣传媒介加大工作室对外宣传力度及工作室知名度。

五、深化学科素养，展示团队风采

1. 成员风采，心路历程

用读书丰盈自我，做教师专业成长的"发动机"。主持人向工作室成员推荐《家庭作业的迷思》《作业设计基于学生心理机制的学习反馈》等图书，每个成员定期到工作室借阅教育专著，让阅读成为自己的习惯。每学期至少研读2本相关书刊，并做好读书笔记，自我"充电"。

2. 不忘初心，砥砺前行

目前，工作室正在着手收集《林海霞名师工作室成果集锦》，内容涵盖论文、案例及教学设计等优质资源。印制出版后，将在兵团、师域内进行成果

推广。

在今后的工作中，兵团小学语文林海霞名师工作室将在兵团教育局、兵团教育科学研究院以及师市教育局、研培中心的引领指导下，各项工作重在求实创新、勇毅前行！

（新疆生产建设兵团第十师北屯中学林海霞撰）

砥砺前行，携手并肩

——兵团第十师小学语文林海霞名师工作室
2023年工作总结

岁月荏苒，步履不停，2023年的脚步已经悄然而去，回顾一年来，兵团小学语文林海霞名师工作室围绕兵团教科院、兵团第十师小学语文专业理事会和师市教育局、研培中心工作重点，以习近平新时代中国特色社会主义思想为指导，全面贯彻党的教育方针，贯彻落实《中共中央 国务院关于深化教育教学改革全面提高义务教育质量的意见》《关于进一步减轻义务教育阶段学生作业负担和校外培训负担的意见》，落实国家"双减"工作部署，回归教育本真，守住教育常识不动摇的原则，以五育并举为育人方向，继续把坚持全面深化课程改革和落实立德树人根本任务作为教学研究和师资培训的发力点，积极构建教师成长平台，强化教师队伍建设，切实推动十师小学语文学科的教学教研工作再上新台阶。在各级领导的大力支持与帮助下，我们勇毅笃行，奋斗与激情相随，耕耘与收获同在。现将一年以来工作总结如下：

一、工作室建设情况

1.总结经验，夯实基础

工作室全体成员参加了名师、名校长、名工作室交流暨2022年度考核述职大会。认真聆听、学习了其他工作室、理事会的先进理念和经验。2023年开年以来，工作室从各项制度的规范抓起，依据兵团第十师小学语文理事会2023年工作计划，认真商讨制订出具有本工作室特色的工作计划，并依据计划按时组织每月例会，做到有计划、有制度、有组织、有检查、有落实、有反馈、有总结的"七有"，从建好工作室、管好工作室，到用好工作室，为了进一步发挥工作室成员们示范引领作用，通过搭建交流、学习平台，组织名师示范课，让青年教师与名师面对面，帮助青年教师早日站稳讲台、加速其成长成熟，使工作室真正成为学科建设的有效载体。

2. 加强学习，助力成长

工作室主持人林海霞在《学习二十大，争先做表率》的讲座中，带领名师工作室全体成员和理事们再次学习党的二十大报告，内容丰富，触动人心。在《树师德 扬师风》师德师风培训中，既回顾了师德师风的各项规定，又结合实际工作对教师们提出了新要求。教师们都对自己的教育初心和师德师风进行了总结和反思，明确了今后的工作方向、践行目标。

林海霞、汪雪参加了"国培计划"兵团名师工作室线下返岗培训，来到中国教育界最高学府——北京师范大学，为期3天线下跟岗学习，虽然十分忙碌，但是分外充实。在学习期间，专家讲座滋润了我们理论上的焦渴，参观中与名校名师交流研讨使我们在思想上得到了洗涤，教学理念上得到了革新，使我们能站在更高的位置审视、反思，并不断改进教育教学方式方法。

下半年先后邀请魏英、杨金梅两位资深专家，为工作室成员举办讲座，引领成员们加强对教育教学新理念的认识，提高工作室成员们的教育理论和综合素养。

3. 责任到人，及时反馈

"凡事预则立，不预则废。"2023年工作室继续完善各项制度，将工作责任明细化，职责分工更清晰，常规工作进展有序。一年来共召开例会13次，撰写简报、美篇各17篇。成员学习心得、听课记录、课堂实录等常规资料由助理汪雪、热孜古丽两位老师负责收集，定时督促全体成员化繁为简，将工作落在实处。

4. 示范引领，携手同行

"打铁还需自身硬。"工作室成员要成为语文学科教学的示范者和青年教师成长的帮扶者。本年度，工作室各成员结对1～2名青年教师，每周听课、评课、案例分析至少一次，帮助青年教师不断提高教学能力。另外，工作室成员积极参加各级各类赛事活动，开展专题讲座，推广工作室实践成果，达到辐射效应。工作室成员所带徒弟在教育教学大练兵中成绩喜人。

二、开展工作及成效

（一）特色工作稳步推进

1. 团队协作，南疆送教

为了进一步落实南疆送教工作，加强教师间的经验交流，充分发挥名师引领作用，2023年3月、10月兵团第十师小学语文林海霞名师工作室成员先后两次奔赴南疆进行送教活动。

为了保证送教活动圆满成功，主持人林海霞领学了关于推进教学工作的两篇文章；南疆送教教师进行大单元教学设计理念及流程的汇报，所有成员交流探讨。送教老师基于大单元教学理念而设计的教学环节，充分考虑了南疆孩子学情的基础上，通过老师的说课，工作室每一位成员集思广益、建言献策。句句探讨中凝练着成员的智慧，体现着工作室团结一致的良好氛围。

2. 兵地融合，互学互促

2023年5月9日，北屯镇小学组织开展联盟校送教下乡活动，本次活动以地、市级骨干教师为主力，送教巴里巴盖乡寄宿制学校和喀拉布鲁宫完全小学。名师工作室成员李健英老师执教的二年级语文《小马过河》示范课，充分发挥名师引领、示范和辐射作用，多渠道培养基层教师的专业素质。

9月23日，根据《兵团第十师小学语文林海霞名师工作室2023年度工作计划》《第十师小学语文专业理事会2023年度工作计划》，工作室成员付伟霞、周海燕、崔宜芳，助理汪雪跟随主持人林海霞在阿勒泰市北屯镇中学小学明德楼三楼大会议室与北屯镇中学小学语文教师一起就小学语文大单元教学实践与探索开展兵地交流活动。通过本次语文大单元教学实践与探索交流活动，加强兵团学校与地方学校之间的交流与合作，共同推进小学语文教育的改革与发展，提高教育教学水平和小学语文的课堂教学质量。

2023年11月16日，北屯中学党委委员、副校长姜波带队，率第十师小学语文学会、兵团第十师小学语文林海霞名师工作室林海霞携工作室骨干成员付伟霞老师，及北屯中学徐莉老师一起与阿勒泰市阿克吐木斯克寄宿制学校开展了同课异构活动以及示范课展示。通过此次联合教研活动，实现了以研促教、以研兴教的目的，并促进核心素养在课堂上落地生根，提高和促进教师的学科专业发展能力，有助于在今后继续探索打造高效课堂，从而促进教师的专业化发展行稳致远。

3. 同课异构，教学练兵

"问渠那得清如许？为有源头活水来。"工作室组织全师小学语文教师全程观摩了在第九师小白杨中学举办的兵团小学语文教师优质课展示活动，有幸聆听了由李迎春、腊俊莲、刘丹、魏文琴、李星婳、韩燕和时秋丽等老师展示的优质课例，她们精彩的授课与禹海麟、孙静、林华、韩姝敏4位专家的专业点评，让全体成员又有了一次理论与实践应用相结合的升华，可谓收获满满。

此外，为了推广优秀教学经验，强化课堂主阵地作用，改进教学方法，提高教师课堂教学的能力，工作室协助十师教育局、研培中心组织了一次全师域青年教师教学岗位大练兵，对全体教师从理论学习、课堂教学、反思说课三个方面进行培训及评比，林海霞上示范课一节、专题讲座一场，并担任青年教师现场课赛事活动评委，充分发挥示范引领作用。

4. 集体备课，资源共享

"教无涯，研不止。"工作室配合小语理事会，动员义教联盟牵头组织集体备课工作，从而达到优质资源共享，同时在备课、授课、课后反思等环节根据学生实际情况扎实推进二次备课。工作室中有5位成员积极担任备课组长，组织本年级教师进行集体备课。

5. 以研促教，共同进步

为进一步帮助教师明确课题的研究方法和研究方向，做好"十四五"期间各项课题研究工作，由兵团小学语文教学专业委员会主办、兵团小学语文林海霞名师工作室、十师小学语文专业理事会协办了"专家引领明思路　课题研究促成长"专题培训。此次培训有幸邀请到了兵团教育科学研究院小学语文教研员禹海麟老师，禹老师分享的教学经验与研究成果务实而全面。兵团各学校共有2200余人参加培训。

为了帮助徐萍、崔宜芳两位老师参加兵团大单元整体教学优质课比赛，工作室专门召开专题研讨会，帮助两位老师研课、议课，在大家的集体智慧下两位老师通过兵团初选成功申报国家优质课展评，并取得了优异的成绩。

6.区域联动，携手发展

集共体优势，补单体弱势，互帮互学，抱团成长，共谋发展。5月7日下午，十师北屯市义务教育阶段联盟第二次会议在一八八团第二中学隆重召开，联盟校代表们齐聚一堂，共商区域合作，提升办学质量。兵团小学语文林海霞名师工作室成员、小语理事会理事曹燕老师以《正思维引领　正习惯管理　正能量激励》为题目，讲述了她关于班主任中途接班的几点思考，通过建立良好师生关系、形成良好班风班规、创建朝气蓬勃班集体三个方面顺利克服了中途接班的重重困难。在单元作业设计优秀案例分享环节，一八六团中学孙会老师、一八一团中学叶晓芸老师、北屯中学鞠伟老师为我们带来了优秀的语文作业设计案例。虽然她们所讲的年级不同、学段不同，但相同的是都十分注重高效多样，充分利用"听说读写演"形式，如孙会老师设计的课本剧表演、叶晓芸老师设计的冲击听写一百分、鞠伟老师的读写共通，通过朗读、仿写颁奖词等锻炼写作能力。

（二）成员成果扎实稳进

1.课题成果，激励前行

兵团小学语文林海霞名师工作室组织的课题"'双减'背景下群文阅读在古诗词教学中的应用"获得师小课题一等奖，现被择优推荐申报国家级科研课题，经专家组审核已经立项。为了扎实推进课题研究，利用腾讯会议举行了小课题推进会。目前各项工作稳步推进中。

2.积极参赛，佳绩频传

2023年理事会成员获奖人数比2022年大幅度提升，林海霞、汪雪、付伟霞、周海燕、热孜古丽等教师分别荣获论文、教学设计、教学案例等各类赛事一等奖。小学语文名师工作室成员李迎春老师在兵团教科院组织的现场课大赛中荣获一等奖、基本功大赛一等奖；曹艳老师、付伟霞老师在2023年第十师中小学岗位大练兵课堂教学大赛中，获现场课一等奖；崔宜芳老师参加"援边送教绽芳华名师引领促成长"兵团名师指导团送教活动，参与兵团2021年度基础教育课题"关于提高注意力水平促进学困生转化的策略研究"顺利结题，课题被评为文科类二等奖。

路漫漫其修远分。回顾2023年兵团第十师小学语文林海霞名师工作室的工作成果，我们感到非常自豪。我们的工作不仅提高了教师的专业素养和教学水平，也推动了小学语文课程的改革。同时，我们也意识到存在一些不足之处需要改进和完善。在未来的工作中我们将继续努力提升教师队伍的整体水平，为教育事业的发展做出更大的贡献！

（新疆生产建设兵团第十师北屯中学林海霞撰）

以研促教，助力"双减"

——兵团第十师小学语文林海霞名师工作室教研活动小结

"星光不问赶路人，时光不负学习人。"2022年9月28日下午，兵团小学语文林海霞工作室全体成员相聚在云端，共同聆听了第八师石河子市教育局小学语文教研员孙静老师以《"双减"背景下的校本教研改进》为主题的专题讲座。

整整两个小时的讲座，孙静老师从"正确理念引领校本教研转型""集团办学助力校本教研提质""校本研修的策划促进教研落地生根"三个方面进行解读，理论与具体案例相结合，内容丰富，可操作性强，让工作室的每一位老师收获满满、受益良多。

通过对新政策的解读，孙老师强调：在"双减"背景下，老师们要不断提高教师教学设计和实施能力，不断提高学生的学习力。

通过理论与具体案例的分享，教师们都感受到了扎实落实校本教研的重要性，切实地领悟到了开展校本教研的方法。第十师汪雪老师说："这堂课，正急我所需，当前，教研活动，听评课是主要活动方式之一，但要想做好，有实效，不容易。孙静老师与我们谈了主题教研，为我今后的校本教研活动指明方向，要深度研读教学要求，细化观察点，可以运用课堂观察工具，在听评课时尝试有合作的观察、陈述有证据的观点、进行有研究的实践。扎实有效的教研活动一定是有计划的，设计好的主题教研活动不仅对于讲课老师，对于评课老师，双方都有收益，这样才是有效的校本教研。"第二师李迎春老师说："微型教研'家常化'，这是特别能促进教师成长的教研方式。比如，'每日教研'重点梳理和解析当日或者次日课堂教学的重点、难点和学生学习的最优化切入点，每日微教研，贴着地面的教研模式。我们在平时的教学工作中就会遇到这样或者那样的问题，而这种时时处处都可以存在的教研方式就是最便捷地解决教师教学疑问、最快速地促进教师成长的好办法，而且这种教研方式还能够直接促进学校教师之间形成良好的教研氛围。"

（新疆生产建设兵团第十师北屯中学林海霞撰）

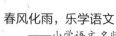

凝心聚力促成长　砥砺前行新征程

2022年2月16日，十师北屯市林海霞名师工作室召开新年的第一次工作会议。工作室主持人林海霞就兵团小学语文工作室工作安排，提纲挈领地梳理了新学期工作要点，并对近期的工作给予温馨提示，也对工作室成员提出了要求：工作室成员积极参加各类比赛活动，将论文、课题的功夫下到平时，教学时多动笔，勤动脑。会议中林海霞向大家推荐了《有效教学》和《怎样听课评课》，倡导大家多读书，读好书。

汪雪老师对工作室工作进行了细致合理的分工，提醒大家按时完成各项工作。"双减"政策落地以来，一线教师陷入作业如何"减负增效"的深思。作业设计的新思考、新理念促使我们开始挖掘作业的本质。工作室成员在会议中，就林海霞推荐假期阅读的《家庭作业的迷思》《作业设计基于学生心理机制的学习反馈》等图书，积极交流了读书心得。

北屯中学的热孜古丽老师在假期的阅读当中，对分层布置作业有了更新的认识；李健英老师在假期的阅读当中，明白了学生自主学习能力弱，需要提升的问题。

一八二团中学的孟艳琴老师获得感受：阅读使她深刻体会到今后在作业设计中要注重有效性，要针对教学目标和课堂教学的具体情况，有的放矢，不仅让作业发挥课堂教学的延伸补充作用，还要进一步激发学生学习的兴趣和探索的欲望，为今后的学习创造扎实的基础条件。

阅读解决了一八四团中学崔宜芳老师的困惑：如何在有限的时间里让不同层次的学生在作业中得到学科知识的掌握和提升？有的教师以"主题整合，表现本位"为特征的作业设计，注重作业设计的探究性和整合性；还有教师注重作业设计的趣味性，进行趣味性作文设计，关注学生的生活和需要……他山之石，可以攻玉。这本书对我们一线教师来说具有积极的启发和借鉴意义。

一八八团中学的曹燕老师在系统地阅读后，浅谈了自己的看法：一个班级里几十个学生，每个都是一个独立的个体，他们在学习态度、知识基础、学习能力上都有所差别。因此，每个班级里都有不交作业或作业质量不合格的现象。这种情况维持的时间越久，学生越易产生学习的懈怠，他们将以应付的心态敷衍了事，这就失去了作业的意义，徒然增加学生、教师的负担而已。

一八八团第二中学的付伟霞老师认为：在通过理论学习后体会到作为教师，要转换立场，听听学生的想法，站在学生的角度去分析作业。联系日常教学，她认为在作业设计形式上要活泼多样，内容上体现个性化、生活化和社会化，让学生用眼去发现、用手去创造、用脑去思索、用心去体会，愉快地完成各项作业，让作业成为学生巩固知识、快乐实践、积极创新的园地。

三坪农场子女学校的侯东梅认为：在今后的工作中她应该在以下几个方面多努力：

（1）多样化，丰富作业的类型。

（2）分层设计作业，减量有效，提质增效。

（3）学习来源于生活，也应服务于生活。

我在阅读后提出：如今的时代，教师们面临着巨大的压力，必须配合考试制度所强加的、难度越来越高的课程，必须考出排名好的成绩，而且要给校方和家长一个认真负责的印象。但我们不能以此为借口布置很多作业，产生很多的作业垃圾。我们要学会智慧地布置家庭作业，让学生喜欢做你的作业，又能提高学习能力，拓展知识面，又不用很多的时间。

除了在专业上的提升，还有很多教师阅读了其他书。二十一团中学的李迎春仔细品读了东野圭吾的《沉睡的人鱼之家》，对人进行了自我的叩问以及豁达。利用假期整块的时光，这位教师还拿出了《瓦尔登湖》细细品读，阅读后有了深刻的启发。

第九师的王婧假期还认真读了徐光兴老师的《学校心理咨询优秀案例集》，让她反省自己的状态是处于"父母状态""成人状态"，还是"儿童状态"。这让她感到每个人内在都住着一个小小孩，那是童年脆弱的我们，同时，也住着一个高高在上的权威。如果幼年时遭遇了重大挫折，往往影响了自我的发展，很多人经常停留在父母状态或者儿童状态，而没有真正成长起来。

  "问渠那得清如许，为有源头活水来。"阅读让一八一团中学周海燕老师深刻认识到作业设计的新理念、新思考，督促我们要潜心学习，在前人的旅途中摸索自己正确的道路。确立以学生为本、学以致用的正确观念树立新的作业观，迈出科学、有效作业观的第一步。

  本次会议让大家明确了新学期的工作方向。读书交流活动让老师们大有收获。"纸上得来终觉浅，绝知此事要躬行。"今后还需要继续学习理论，虚心请教、努力实践，在语文教学中树立榜样力量，在作业设计上有所进步，以课堂为载体，提升作业设计能力，为"双减"工作增砖添瓦。

（新疆生产建设兵团第十师北屯中学王玉兰撰）

第二辑
提升素养，理论先行

精心谋划，精准施策

———"双减"背景下小学语文减负提质措施探究

一、钻研教材，认真备课保实效

"减负提质"是当前新课改所提出的一种教育理念，深受一线教育工作者的认可。我们应该将教学重点由"量"转到"质"上，转变教学理念、模式及方法势在必行。古人说："凡事预则立，不预则废。"通过系统深入地钻研相关规定是重中之重，钻研教材则是备课、上课、达成教学目标、完成教学任务的基础和前提。

二、注重教学情景创设，营造良好课堂氛围

学生主动获取知识的能力来源于兴趣，兴趣是最好的老师，是驱使学生自觉、主动、深层次地投入学习活动的内在源泉。那作为课堂的引领者，我们小学语文教师，在自己的40分钟课堂里，怎么去激发学生的学习兴趣呢？我们应该根据孩子的学习特点设置符合他们年龄阶段的教学情景，激发学生主动探究的愿望，让学生在学习过程中，感受到快乐和趣味性。在一年级的识字教学中，我鼓励学生们多种方法识字，学生们兴趣高涨，每天同学们将自己的字谜和同桌互换互猜，积极主动学习，投入新知的探索。在教学儿歌时，让学生们根据内容用肢体表现，原本需要反复诵读才能识记的内容，几分钟学生们就朗朗上口。

三、优化课堂教学过程，组织开展合作学习

在语文课堂教学中积极构建生生互动、师生互动模式，让课堂灵动起来。

例如，在教学《总也倒不了的老屋》一文中，这篇文章故事性极强，学生们正处于童真童趣的年龄，对于故事情节预测兴趣高涨。我将班上的学生划分不同的小组，除考虑学生的语文学习能力以外，也要将学生的性格、同学关系等纳入分组依据，保证小组之间的和谐性和平衡性。接下来，根据本节课的内容引导学生对"总也倒不了的老屋"的故事结局加以创编、续写，让学生们在小组里各抒己见，互相交流，这样就会获得语文学习思维的发展。

四、深化课堂教学改革，鼓励学生深度学习

用"以学活教，心动课堂，心随课动，课随心动""少教多学"的理念落实课堂的有效性。以《将相和》为例，学习本文之后，同学们对文中人物有一定的了解，但对人物之间的关系和交集并不清晰明了，对故事的背景也会有疑惑。在此契机下，我在课堂教学中增加一些课外阅读的资料，让学生通过阅读指导了解当时秦国的国力强大和赵国的发展状况，学生自然能明白完璧归赵中蔺相如为何会选择如此麻烦的方式，以及为什么蔺相如能"升官"。通过具体阅读的资源帮助学生对文章内容的解读和学习，丰富学生对课文的了解；教师可以鼓励学生对文中的人物进行拓展，在课下积极收集相关的资料在课堂上与同学们交流，通过故事拓展的方式丰富课文中主要人物的形象，提升学生对人物的理解和认识，让人物的形象厚重起来。

五、作业布置须用心，着眼方法提质量

经常会见到有些教师布置作业不是抄写生字词，就是抄写句子、文段等机械抄写类作业。其实对于抄写，大部分学生只动手，不动脑，起到的作用微乎其微，可以说是事倍功半，而且大部分学生只讲速度，不讲质量，作业书写潦草，质量不高。因此，这就要求语文教师在给学生布置作业时一定要多花心思。

学生要因材施教，作业则应区别对待。根据不同层次的学生，优化作业设计，加强个性化教育。根据本班学生实际情况，以"作业自选超市"的形式，分层分梯度设计作业，精心设计具有针对性、层次性、选择性、实践性和开放性的作业，创新作业批改形式，发挥作业批改中师生交流的激励作用，重视提高学生语文综合素养，切实减轻学生过重的课业负担。

根据学生的年龄特点和认知水平，可布置一些探究性的任务，鼓励他们利用空余时间进行探究，丰富学生的学习生活。例如，一年级上册第四单元第10课《端午粽》，我根据一年级学生"以形象思维为主"的特点，课前预习我就给学生布置了这样的一项作业：通过"学习强国"电台小喇叭栏目收听"端午节"的由来，同时鼓励学生们与家长一起通过绘本图书等不同渠道了解中国其他传统节日和风俗习惯，激发学生对中国传统文化的热爱。进行"中华传统节日小小解说员"擂台赛，激发学生学习积极性，培养、锻炼学生语文综合素养的运用。而到了一年级下册第五单元识字8《人之初》时，我又提前给他们布置了这样的作业：通过"学习强国"电台小喇叭栏目收听国学启蒙《三字经》上、中、下内容，结合图文并茂的图书，通过学生喜闻乐见的故事讲解，可以让学生在语言朗朗上口的节奏中吟诵识字并熟读成诵，为今后更好地理解领悟打下基础。

根据每个单元的主题和学生的实际情况，我会布置不同的探究性问题，然后通过举办"好书推荐会""我是阅读小达人"等活动，鼓励学生积极参与、勇于展示分享。

六、家校联手成合力，齐抓共管同"减负"

加大"双减"工作政策宣传力度，家校携手，才能真正起到减负提质的作用。多和家长联系，与家长一起培养学生良好的学习习惯，提高学习效率。帮助家长明确应根据学生情况合理培养学生兴趣特长，防止家长盲目报班，加重学生负担。

总之，在"双减"政策视角下，教师要把切实提高课堂效率作为首要任务，提质减负需要借助教师深度研究，精心设计，创造出学生能参与、可参与、乐参与探究知识的活动过程，让学生真正参与探究，探有所获，在学习中获取知识，提升语文素养和综合能力。

参考文献：

［1］莫宇琴.新课改下小学语文作业优化设计的具体途径［J］.学周刊，2021（29）：151-152.

［2］曾梦佳.小学语文作业分层设计与评价的实践研究［J］.教师博

览，2022（9）：43-44.

　　［3］王丽.浅析小学语文综合性作业设计方法探究［J］.教育研究，2020（7）：83-84.

（新疆生产建设兵团第十师北屯中学林海霞撰）

浅谈低年级学生识字兴趣的培养

识字是阅读和写作的基础，是低年级教学的重点。在教学中，我们发现学生在课堂上认识的生字由于方法不得当，或者说教师不注重学生的遗忘规律，不注重让学生进行重复识记，他们往往过一段时间之后就会遗忘自己所学的生字，而现在的新教材，在识字方面有所加强。新教材写字量大大减少，也就空出了更多的时间让学生进行课外阅读。但是，这样的设计对于学生来说无疑是个挑战，因为他们经常采用最简单的识记方式进行识字，而这些方法难以激发他们参与学习的兴趣。

如何让学生在原本枯燥的识字教学中学得更有趣、主动，记得更牢固、扎实？我认为营造氛围、教学方法、转变观念是极其重要的。

"识字教学要将儿童熟识的语言因素作为主要材料，同时充分利用儿童的生活经验，注重教给方法，力求实用结合。运用多种形象直观的教学手段创设丰富多彩的教学情境。"古人也说过："未见意趣，必不乐学"，兴趣是激发学生进取的重要心理因素。小学生精力旺盛，好奇心强、求知欲强，以形象思维为主，喜欢模仿。因此，根据儿童发展的身心规律，在识字教学中，采用多种教学方法，激发和培养学生的兴趣，满足其心理需求十分必要。在识字教学中，我通常采用以下几种教学形式：

一、激发学生的识字兴趣，学生自主识字的能力得到了提高

识字教学是比较枯燥乏味的，学生通常只是机械地读、记、写。在我校实施高效课堂教学策略之后，我精心创设识字情境，学生由被动的接受者转变为积极识字的参与者。学生的识字热情空前高涨，识字量增大。在学习和日常生活中，学生不但能用上在课堂中所学的识字方法，而且能够充分发挥自己的主

观能动性和创造性才能，积极探索适合自己的识字方法，最终达到识用结合。

1. 直观导入，激发兴趣

苏霍姆林斯基说过："小学生往往用形象、色彩、声音来进行思维。"根据小学生的这一特点，我在识字教学中充分运用挂图、投影、表演、实物、图画、卡片及多媒体等灵活有效的形式创设识字情景，促使学生感知汉字的组合结构，记忆汉字的书写方法，理解字与字之间的意义关系，养成儿童自觉识字的习惯，并形成识字能力。例如，教学人教版一年级上册《雪孩子》一课时，我通过课件出示文中的8幅图片，鼓励孩子仔细观察图上说的是什么意思，引导学生用完整的语句绘声绘色地讲述故事情节。随着情节的发展出示"雪孩子、一起、玩耍、睡觉、烧着、知道、融化"等词语。这样就牢牢地吸引了学生的注意力，使他们在具体的语言环境中了解词义、认识字形。创设情境、激发兴趣是我经常使用的方法之一。实践证明，这也是一种行之有效的识字方法，如教学人教版一年级上册识字2《自选商场》时，我就创设了这样一个情境："上节课，老师带同学们走入了美丽的小山村。今天我们继续参加课外活动，跟老师一起走进自选商场，好吗？"学生们的学习热情一下子被激发起来，各个兴高采烈地喊"好"。我随即出示课文插图："睁大你们明亮的双眼，仔细观察，在自选商场里，你都有什么发现？"这时，孩子们仿佛又置身于各种游戏活动中，争先恐后地举手回答老师的问题。看到这样的场面，你还用担心学生没有学习兴趣吗？

一年级要学的生字大多是象形字。象形字是最早的汉字造字方法，它是用描摹事物形状的方法来造字，因此教学象形字就可以从先画出原始图形，再分析图形与字义的联系，通过图文对照来理解字义。例如在教《口耳目》一课时，我先在黑板上画出"日、月、水、火"等字的图形，再将汉字打乱次序出示，让学生连一连说一说，学生就能比较直观地识记这些生字了。另外，课文中的插图是课文的有机组成部分，合理利用课文中的插图也是一个行之有效的途径。例如，在教学识字1的《金秋时节》和《秋天的图画》这两课时，我鼓励学生在课文的插图边写上相应的词语。这样，汉字在孩子们的眼中就成了一幅幅精美的图画，方便理解记忆。

2. 以游戏的方法激发兴趣

学生喜欢游戏，所以在教学时，我经常采用儿童喜欢的方式，创设一个欢乐和谐的学习环境，这样既能激发学生识字兴趣，提高识字效率，又可减轻学生的学习负担，提高教学质量。我常把学生分成几组，进行词语接龙游戏比赛，如学生—生活—活动—动手—手心—心理……这样，既提高了学生的识字兴趣，又提高了学生的思维能力，效果较好。另外，我还经常使用"单、双列开火车""摘苹果""送信"等游戏，使学生在玩中学、学中悟。

3. 编顺口溜，激发兴趣

遇到难认、易错的字，借助顺口溜教学会收到意想不到的效果。如"美"字，我编的顺口溜是"羊字没尾巴，大字在底下。""生"字："一头牛站在一根独木桥上"。"造"字："一口咬掉牛尾巴，用条小船运走了。"顺口溜教学，幽默风趣，寓教于乐，朗朗上口，学生印象深刻，易于记忆，既展现了语文课的趣味性，又活跃了课堂气氛。在小学语文识字教学中，形近字的教学是一大难点。对于学生来说，形近字由于其似是而非的特点往往比较容易混淆。一旦在初学时被混淆，在今后再次出现时就更加不容易区分了。因此，在初学形近字时，帮助学生准确区分形近字的异同，对学生今后的学习具有非常重要的作用。在进行形近字教学时，我通常采用先让学生比较字形，区别字形异同，再根据实际情况创编口诀的方法，引导学生巧记字形。例如，我在教学《乌鸦喝水》一课时，为了区别"渴"和"喝"这两个字，我引导学生思考："你平时口渴了喝什么？喝水要用什么喝？"经过启发，学生合作编出了"渴了要找水，找到用嘴（口）喝"。这样既能巧记字形，又能明白字义。同样的例子还有《葡萄沟》一课中区别"密"和"蜜"，学生编的是"山上树木密，小虫尝蜂蜜"。区别"未"和"末"："未来越来越长，末路越来越短。"区别"辛"和"幸"："平时辛苦一点，最后幸福十分。"区别"真"和"直"："有腿真开心，没腿直犯愁。"像这样创编口诀的识字方式，使学生能轻松地识记生字，也使学生大大减少了在作业里出现错别字的情况，同时能激励学生观察字形、展开联想，提高学生的识字兴趣。

二、把识字与生活联系起来，扩展了学生的识字空间

学生识字不应该仅仅局限在课堂和书本中，也应该在一个更开放的识字空间中。生活、社会都是识字的大课堂，课内、课外、节假日、休闲活动等都是识字的好时机。课程表、《小学生守则》、《中小学生日常行为规范》、学

生姓名、各种标语广告宣传牌等，都是学生识字的素材。学生在这样开放的环境中，有意识地留心记录周围的事物，在生活中自主识字，主动获取知识与经验，他们的思维力、创造力、想象力得到了发展，学会创造性地学习。充分利用教材，用多种形式激发儿童的识字兴趣，引导他们在语言环境中识字。通过看画识字、商标识字、成语识字、报纸识字、家用电器贴字卡、看电视识字、观察人体识汉字、街上识汉字、读对联识汉字以及制作识字小报等，引导学生置身于生活情境之中，去亲自体验感受，产生语文学习与我们的生活密切相关的意识，从而缩短与学习内容的距离，尽快地全身心地投入识字的过程。学生有了充分的自由空间，既顺利完成了识字目标，又保护了学生的识字兴趣，提高了识字热情。

三、扩大学生的识字量，引导学生课外阅读

字音的掌握是识字教学过程中的重点。事实证明，学生在短短三五分钟内根本不可能有效识记生字，而对于生字，学生一旦留下错误的印象再想纠正就非常困难了。所以我们要注重字音教学，在初读时反复多读，并在此后一段时间内反复出现，反复认读。我常常是这样安排的：首先，要求学生自读，借助拼音多读几遍，读准字音。其次，用卡片、投影等方式把生字连词出示检查读，以齐读、领读、互相读、师生合作读等多种形式，分带拼音读和去拼音读两个步骤检查，重点纠正平翘舌、前后鼻音等容易读错的音节。再次，将生字放在课文中连起来读，在具体的语言环境中检查，重点纠正轻声音节、多音字等容易发生变音的生字读音。最后，在课堂巩固之余，在课外找时间、找机会再巩固。这样，学生与生字多次见面，就必然能成为"好朋友"了。

识字的最终目的是阅读。一般来说，学生的识字量达到一定程度时，就会产生阅读的欲望。他们能够阅读浅显的童话、寓言、儿童故事，感受阅读的乐趣；能够诵读儿歌、童谣和浅近的古诗，展开想象，获得初步的情感体验，感受语言的优美。通过班级设立图书角、指导学生读课外书进行识字、评选"识字大王""读书小状元"等活动，激发学生课后阅读的兴趣，进一步巩固识字。

四、以讨论、交流的形式激发兴趣

学生是语文学习的主人，语文教学应激发学生的学习兴趣，注重培养学生自主学习的意识和习惯，为学生创设良好的自主学习情境，尊重学习的个体差异。每个人学习、理解、记忆的方法不尽相同，让学生多进行讨论、交流，说说自己是怎样理解与记忆的，也有助于他们的情感交流。在教学中，我演练结合，有意识地创造机会让他们自己动手操作、表演，变被动为主动地探索、主动地求知，在愉快的气氛中获得知识，发展智力，培养能力，享受成功的乐趣。在复习巩固生字时，我采用以下几种形式：①猜字谜。如教学"午"字，我设计了这样一个字谜："远看像头牛，近看牛没头，要问是啥字，看看日当头。"通过猜字谜识字，学生感到识字是一个非常有趣的活动，不觉得枯燥乏味，就会在不知不觉中体验识字的乐趣，喜欢识字，有主动识字的愿望。②竞赛法。根据学生好胜心强的特点，我还把各种练习及检测寓于竞赛之中，如"开火车""找朋友""换衣服"等，通过各种竞赛，调动学生的积极性，进而更好地巩固已学的知识。总而言之，在识字教学中，如果教师能改变学生的"苦学""厌学"的现象，使学生在轻松愉快的氛围中掌握和巩固知识，在学习中体会乐趣，从而达到"我要学""我爱学"的境界，教师也能从教学中感到乐趣。

低年级学生识字兴趣的培养，从构建一种符合儿童本性及语文学科特点的小学语文识字教学课堂模式入手，以激发学生的求知欲为切入点，通过创设情境、开展游戏、课外阅读等激发学生的识字兴趣。教师通过随文识字、归类识字、比较识字、联想识字等方法，引导学生自主识字，增强学生学习的自信心，养成良好的学习习惯。学生识字量明显增多，实现了尽早阅读，收集信息和积累语言的能力明显增强，语文学科的成绩明显提高，教师自身的水平也得到了提高。

童心纯真，孩子们许多看似幼稚的想法往往闪烁着智慧的光芒。在识字教学中，语文教育工作者应以满腔的热情去探求更多更好的方式，来引导孩子们寻找识字过程中的童趣，让识字成为孩子们的一种乐趣。

（新疆生产建设兵团第十师北屯中学林海霞撰）

小学语文教学改革面临的问题及解决对策

语文，作为小学课程体系的构建基础，唯有具备扎实的文字阅读、理解、表达能力，才能更好地完成其他科目的学习，而小学语文教学并不单单只关注知识与技能教学的成果，同时也更加注重思想教化、行为培养、道德品质教育等工作，希望能以语文教学为契机，推动学生的全面发展。但实际上，由于对课程的要求解读不准确、教学模式、方法改革成效不明显等因素的影响，现阶段的小学语文教学改革仍旧存在些许问题，影响了素质教育、核心素养培养等指导思想的实现。

一、当前小学语文教学改革存在的问题

1. 学生的心智尚未完全成熟

小学语文教学提倡以文字理解教学为基础，引导学生仔细体会其背后如思想、情感之类的深层意蕴，以完善学生的"内在建设"，但小学生年龄小，认知基础较差、生活经验不足，加之其情商、智商并未发育成熟，使得一些教学目标的实现变得异常困难，久而久之，诸多困难的堆积容易使其滋生厌学情绪。

2. 教育评价机制僵化

一些教师在制定教育评价标准时仍旧视成绩为唯一的参考依据，并未将促进学生学识、思维、能力协同发展的教改要求将思维、能力的发展列入考查内容，加之使用考试这种单一的教学评价方式，使得许多"慢热型"学生备受打击，形成一种不被重视的错觉，在课堂上学习积极性不足，而越是如此，其自主学习能力和语文综合素养的提升就越发困难。

二、当前小学语文教学改革所面对问题的对策

1. 加强教育培训，提升教师的专业素养和教学能力

就小学生有限的认知基础、思维水平而言，教师在课堂上需要适时地对其进行引导、帮助，因而教师的专业素养和教学能力对教学改革仍旧有着极为重要的影响，唯有保证其面对教学改革有着清晰的想法，才能做出正确的改革举措，因此必须加强教育培训，促进其专业素养及执教能力的提升。

例如，学校可以邀请教育专家莅临本校开设专题讲座或教育论坛、深入一线课堂开展示范教学等，引导教师了解新的教育发展理念，采用符合新时期教育发展导向的课堂教学模式，满足小学语文课程中思想教育、精神教育、品行教育等新的教学需求，保障学生的全面发展。

2. 寻求教学模式的推陈出新，保障学生的全面发展

（1）情境教学，丰富课堂体验

一直以来，为了维系课堂秩序，保障教学进度和质量，大多数教师已经习惯了由教师主讲，学生仅需要听和记这样的课堂教学模式，在这样的语文课堂上，学生丧失了思想的机会和能力，只能随着教师的"教"而"学"，这与凸显学生主体地位，培养其自主学习能力，促进其学识、思维、能力等同发展的教学要求相悖，因而，教师可以通过创设与文章主题相仿的教育情境，丰富学生的课堂体验，促使其能够在情境作用下主动思考，积极探究。

例如，在教学《富饶的西沙群岛》一文时，我适时利用教室中的多媒体设备，以视频、图片、音频等表现形式让学生感受海风扑面而来时的惬意，聆听海水席卷沙滩的声音，感受沙滩上炙热的阳光，使其仿若置身真实的西沙群岛。结合情景体验品读文字，真正感受西沙群岛的美，学会如何去使用精妙的文字，学会如何去以文学情，学会如何更好地去表达，实现学识、思维、能力的发展。

（2）表演教学，加深学习感受

所谓表演教学，就是将文章中的场景复刻出来，将学生带入各个角色，通过获取第一手的思想、情感等信息，感受课文用词的精妙，品读其所表达的思想、情感等深层教育价值。例如，在《将相和》一文的教学中，我就采用这样的方式，让学生在表演中感受人物思想、情感等内涵上的变化，接受深层教

育，以实现全面发展。

3. 优化教育评价机制，助力全面型人才的养成

教育评价是教育有效性的直接体现，教师应围绕学习态度、学习过程、思考问题的深度、广度等多个方面打造更为全面的教育评价体系，利用教师评价、生生评价、学生自评等方式保障教育评价的全面性，促进学生的全面发展。

三、结语

总而言之，唯有全面掌握教育改革过程中存在的问题，才能制定更具针对性、更为有效的应对策略，达成既定的教学目标，提升课堂教学质量，从而保障学生的全面发展。

参考文献：

[1] 陈锦萍. 返璞归真：小学语文教学改革的感悟 [J]. 信息记录材料，2017（2）：59.

[2] 张宇. 试析小学语文教学中的问题及相关建议 [J]. 传播力研究，2019（21）：248.

[3] 武爱秀. 课改背景下初中语文教学思路与方法创新实践研究 [J]. 学周刊，2019（35）：56.

（新疆生产建设兵团第十师北屯中学林海霞撰）

"双减"背景下如何落实作业设计与管理

——深入探索"双减"实施新举措，不断创新作业改革新路径

　　作业是课堂教学的延伸，写作业是学生对课堂所学知识的巩固和内化过程，是反馈课堂教学效果的重要手段。为了更好地贯彻落实"双减"文件精神，提高作业设计和管理水平，提升教育教学质量，我以"双减"意见的总体要求为切入点，聚焦更新作业观念、构建作业体系、减负增效提质三个方面，阐述如何在"双减"政策大背景下，基于学科核心素养，坚持儿童立场，从学生的认知、思维、实践能力等实际出发，结合教材要求和教学经验，有针对性地设计内容丰富、形式多样的特色作业的浅显见解及具体做法。希望全体教师能积极探索分层作业、弹性作业、个性化作业的设计，探索因材施教下的作业设计。

一、立足单元整合，探索设计路径

　　单元作业设计围绕学科核心素养，立足单元目标，整合教材资源，根据真实学情，联系生活实际切入设计作业内容，将基本的学科知识、必需的学科能力、适当的学习策略，分解在每一个作业任务清单里，让学生经历有预设、有生成、有探究、有体验、有反思、有互动、有成果、有评价的完整的学习过程，通过分学科作业研究、设计和实践，提炼出单元整合作业设计的基本思路。

二、基于教材本源，精编作业内容

　　教师对教材中的习题和配套练习进行"移、变、仿、创"，根据学情和教情对习题进行加工、组合和优化，使学生在巩固基础知识、基本技能的同时领

会基本思想和方法。

三、满足个性化需求，丰富作业形式

1. 设计"观察式作业"

动态观察，观中激思。引导学生学会动态观察，跟踪探究。例如，观察春夏秋冬四个季节的变换，观察花草抽芽、开花的过程等，让学生在观察中思考，形成探索和发现的心理。随机观察，积累素材。还要引导学生观察丰富多样的校园生活，观察街头巷尾的凡人小事，观察约定俗成的风土人情，观察国家地方的重大事件等，做到处处留心观察，时时留心观察，事事留心观察。

2. 设计"表演式作业"

课本剧能以多变的形式，丰富多彩的内容激励学生保持饱满的精神状态，能达到良好的教学效果。课本剧教学能把"苦学"变为"乐学"，变被动的"要我学"为主动的"我要学"。教材中童话、神话故事那么多，可放手让孩子们定角色，做编导，制作道具，自排自演"课本剧"。

3. 设计"阅读式作业"

减掉机械重复的抄写作业，减掉枯燥乏味的大量纸质练习，布置更多与阅读有关的作业。坚持每日阅读、"广泛阅读""海量阅读"。例如，课前探究性阅读，课后拓展性阅读，大量背诵韵文和美文，每日写轮流日记，每周写读书心得等。学生们准备读书摘抄本，记录精彩片段的赏析、与书中人物的对话和思考、读后感、好词好句的摘抄和寓言集锦，还可以用美篇记录阅读的印迹，让家长用手机拍下孩子们读书的精彩瞬间等。

四、关注思维发展，设计作业梯度

设计多梯级作业，即基础巩固练习、重难点滚动练习、能力发展选择练习，让学生能够发挥积极性和主动性，不断巩固所学，融入新知。在作业设计上，编排了"难度梯度进阶"的作业题目，作业的主线从"听说与表达"，延伸到"阅读与写作"，话题逐渐深入、思维逐渐加深、能力逐渐提高。

五、尊重学生差异，调整作业结构

一是关注学生个体差异，根据作业类型、难度、数量在作业内容中的占比，探索出"基础+拓展+提升"作业题型：基础性作业，是对学生必须掌握的基础知识的巩固，用来检测课堂教学学习目标的达成情况；拓展性作业，是知识梳理挑战性练习，激发学生的学习动力；提升性作业为实践、探究、学科融合等，引导学生关注和解决实际问题，培养自主学习能力，题型分配比例是5：3：2，满足不同学生的成长需求。二是面向全体学生，"基础"作业为必写作业，"拓展""提升"作业为弹性选择作业，以"自助餐"的方式，面向学有余力的学生。为每个学生提供发展的空间，实现"精优生信心十足自我超越，中等生按部就班自我提升，潜能生脚踏实地夯实基础"的作业设计目的。

六、注重综合发展，开设"作业超市"

根据本班学生实际情况，开设"作业超市"，供学生弹性选择作业。"作业超市"分必做和选做两类，必做作业主要以基础型作业为主，侧重夯实基础，梳理易错内容；选做作业主要以创意型作业为主，融合各学科教学内容，关注学生生活实践。"作业超市"涵盖了书面感悟、实践体验、趣味益智、闯关挑战等各种作业形式，由学生自主选择，让学生练有所得。通过挖掘作业背后思维的发展，让作业闪现出思维的火花。

今后，不断提升对作业设计的认识、深化作业研究、优化作业管理和设计路径，让"双减"背景下的作业设计与管理更具科学性和合理性，切实落实"减负增效"，助力学校教育教学质量上一个新台阶！

（新疆生产建设兵团第十师北屯中学林海霞撰）

学生习作评价的几点尝试

作文教学评价，不单纯是为了学生某次或某个阶段的习作给出一个终结性的结论，而是通过评价，激发学生再次习作的欲望，促进学生的习作能力、习作水平在原有基础上发展，它始终是作文教学的一个中间环节或下一次习作的新起点。在作文评价中，要设法调动学生的积极作用，通过调动学生对评价过程的全面参与，使评价成为促进学生反思、加强评价与教学相结合的过程，成为学生自我认识、自我评价、自我激励、自我调整与自我教育能力不断提高的过程。在确立了小学作文教学"多元化"评价策略的研究课题后，我主要从以下三个方面进行了实践探索。

一、评价主体多元化，发挥学生的主体性作用

传统的作文教学评价，评价主体是教师。作文教学的评价主要由教师对学生已成形的习作进行评定。教师的评价常以外部观察和主观测定为依据，评价的主要目的在于甄别学生的能力水平或成绩，学生作为被评价者在评价过程中处于被动地位。

在多元化评价的实践探索中，我改变了以教师为主的评价方式，让学生、家长、教师共同参与习作的评价，做到评价主体的多元化。在评价形式上，也力求新颖、多样，使学生参与评价不觉得枯燥。我们主要采用的方式：①设计评价表。学生和家长借助评价表进行自评、互评、家长参评，教师做综合性评价。②抽评。组织课堂评价时，在全班的文稿中任意抽取几位同学的文章，由教师或同学大声朗读，或投影放大，全班一起帮这位同学修改、评分。③张贴。利用教室的墙壁，把全班同学的文章，不分优劣，全面张贴出来，供同学们评议。当然其他任课教师也会前来阅读。④评选。以作文竞赛的方式，要求

全班同学选出自己得意之作参加评选，全班同学或家长共同参与评选，选出若干篇优秀之作进行表彰。

评价主体的多元化，使学生改变了过去那种被动接受评判的状况，发挥了学生在评价中的主体作用。过去，学生除了不得不向家长汇报考试成绩外，对平时的学习情况怎样，很少主动向家长汇报，相当多同学写的作文是不让家长看的。孩子平时的学习过程，家长是不甚了解的。由于采取了评价主体多元化的手段，每次习作不再是过去那样天知地知老师知自己知，而是众所周知了。因此学生对每次习作都引起了重视，对习作的评价也尤为重视，学生对作文的关注度空前加大，有的同学甚至悄悄地提前预习单元作文，写好提纲。在这个过程中，学生主动地学习、主动地自我建构，积极地改正自己的不足，充分发挥了学习的主体性。

二、评价内容多元化，引导学生全面发展

培养学生习作素养，说好中国话，写好中国字，才能促进学生语文素养的整体提高。因此，在设计学生作文的评价内容上，我也力求从核心素养目标去体现评价的多元化。

1. 知识和能力的评价

评写作表达。写出来的习作要设法让读者明白你的写作意图，清楚你想表达的是什么。因此，我常引导学生这样评价：这篇文章的内容有没有意思，写高兴的事能不能引起读者发笑，写气愤的事能不能引起读者也生气，写美景能不能让读者也盼望实地一游，写人物能不能让不认识的人凭着你所写的人物特征找到你所写的这个人等。总之，文章要通过自己的表达，让别人读得懂并且愿意读、喜欢读。

评突出优点和不足。作文评价不必面面俱到。学生更不可能较全面地对一篇文章提出评价意见。如果让学生评价一篇文章的一个优点或一处不足，学生是不难办到的，而且这样评价也利于被评价者有针对性地修改。

2. 过程与方法的评价

评习作的准备。由学生汇报或自我反思：习作前的准备是否充分，有无事先思考还是临场准备，平时的阅读、思考是否充分等。

评习作方法是否掌握。结合年级要求，引导学生根据以下方法进行评价：

学会观察事物，能按一定的顺序观察和记叙。注意有一定的详略安排，突出自己重点想表达的内容，学会分段记叙，会用比喻、拟人、对比等手法使自己的文章更生动，更吸引人，能正确使用学过的标点符号。

评习作的修改。引导学生关注如下方面进行评价：习作前有无起稿，自行修改后才誊写到作文本上，有无主动与他人交换修改，有没有认真阅读老师、家长或小组成员给你的评语；每次习作前后几稿，是否有明显改进的地方；别人提出的合理性意见是否采纳。

3. 情感态度与价值观的评价

评写作态度。学生是否做到写作态度认真、积极，按时完成习作，书写工整。

评写作诚信。主要评价内容：学生是否诚实写作，感情真实、说真话、实话、心里话，不说假话、空话、套话，不摘抄或改编作文选里的文章。

三、评价标准多元化，关注学生个体差异

多一把"尺子"就多一批好学生。在评价过程中，对原来作文能力较弱的学生，评分尺度要略松一些，对不同的学生提出不同的等级评分标准，如习作的字数、速度就可以明确提出几种达标线。另外，为鼓励学生，每次习作正稿写到作文本上后，还可以重新修改。凡主动修改文章的，每改一稿，都在原来的等级分数上增加一个等级。例如，原来得"良"的等级分，修改一次后，可以在记分册上记为"良+"，再改，记为"优—""优""优+"，改得好的，可以跳一级记分。一些作文能力较弱的学生，也可以通过多次的主动修改，达到能力较强的学生一样的等级分。另外，在教师的批改中，注意针对不同的学生以不同的标准进行评价，评价的侧重点也不同。对作文能力较弱的学生，注意充分肯定学生在原有基础上的进步，更多地帮助他纠正错别字，把句子写通顺，调整文章的写作顺序，做到文从字顺。对作文能力较强的学生，帮助他准确地用字用词，学会锤炼语言，鼓励有自己的表达方式和独特的体验。

由于采取了作文教学的多元化评价策略，学生的学习兴趣、学习积极性被激发起来。通过一个学期的实践，本班学生的作文能力有了长足的进步，全班学生在40分钟的课堂内完成300字的文章（四年级第一学期学生），而且基本做到文从字顺、条理清楚，不少学生的文章有一定的趣味性，敢于想象，能有自

己的表达方式。在教学实践中，多元化评价的反馈调节作用、激励性作用得以充分体现，学生逐渐增强了写作的自信心，认识到自己的长处和不足，发挥出潜能，评价成为促进学生自我发展的有效方式。

多元化评价只是发展性教学评价的一种手段，本人也只是刚刚涉猎，在实践过程中，还未形成体系，根据实际教学需要，还应完善评价量表。另外，多元化评价使每次习作的周期过长，还应设法缩短评价的周期，及时地反馈评价信息。

（新疆生产建设兵团第十师一八八团第二中学汪雪撰）

"双减"背景下开辟高效课堂
优化作业设计的路径

一、现阶段小学教师作业管理现状

本学期虽然贯彻落实了"双减"教育政策，但是有部分教师在为学生布置作业时仍然不能把控作业布置的数量。有一些学生由于作业数量较多，在刚开始作业时会完成得非常认真，越往后面学生就会在完成作业时产生疲倦心理，后边的作业完成得就不细心、不认真，也达不到作业所发挥出的效果。对于小学阶段的学生来讲，在进行作业布置时大部分是学生的同步练习册布置，这些作业布置对于学生来讲是非常单一的，学生完成这些作业的兴趣不高，部分小学生甚至只是为了完成作业而做作业。教师收上来学生做的练习册以后就会发现，学生做作业出现明显的两极分化现象，练习册所发挥出来的作用不明显，导致现阶段小学教师进行作业管理和布置时出现一些问题。

二、"双减"背景下的小学作业优化管理和目标

"双减"政策就是为学生减少作业的负担，使得作业发挥出来的作用更加明显，更加高效。对于小学现阶段作业布置上存在的问题，教师必须深刻领会"双减"政策中的一些内涵，使得作业布置能够达到优化学生学习效果的目的。

对于现阶段的小学教师来讲，尤其是在"双减"政策的大背景下，必须改变原来的教育思想，在开展课堂教学时，必须注重教学的过程以及学生的学习能力，充分了解班级中每一位学生的学习情况，根据学生的不同学习情况，布置相关的作业内容，摒弃原来的大量作业练习，以此来提高学生成绩的错误思

想。使得作业的布置更加优化，能够达到因材施教的教育效果。教师在开展教学时，必须认识到学生的学习和课堂以及课后作业联系是非常紧密的，在进行课堂教学时，必须保证课堂教学的高效率，这样能够为以后的学生作业完成以及提高学生的作业质量奠定基础，在此基础上更多的应该是教师的层面，不仅仅是意识的转变，更多的应该是在自己的课堂上提高课堂效率，这才是优化作业设计的一个内驱力。

三、"双减"政策大背景下小学作业优化管理策略

（一）教师重视作业内容的精选

在"双减"政策的大背景下，教师在进行作业布置时，必须重视作业内容的精选，通过精选使作业的质量达到最高，在进行作业内容的精选时，还能够与每个学生的不同学习情况以及本学科所学习的知识点相对应。对于低年级阶段的小学生来讲，在进行作业布置时，要使作业的内容符合学生的学习能力，这样对于低年级阶段的小学生来讲，在完成这样的作业时就会比较轻松，也会将作业的内容记忆得更加深刻。对于高年级的小学生来讲，在进行作业内容的选择时，必须考虑教学大纲及相关年龄阶段的考试的内容。例如，在进行练习册作业布置时，要为学生有选择地布置，精选那些经典题型来让小学生完成，这样通过精选作业内容，减少作业量，来使学生消除作业的负担，使学生的学习更加高效。

（二）注重作业形式的多样化

教师不仅要布置个人作业，也要布置小组合作的作业。在新的教育理念下，注重学生的小组合作学习和探究是非常重要的。在布置小组合作的作业时，作业布置的难度要中等，这样吸引小学生进行小组作业的研究和解答，能够帮助小学生提高自己的解题能力，使他们的思维得到一定的锻炼，能够将小组探究的相关学习内容深刻地记忆到自己大脑中，扩宽自己的学习成果。

（三）注重作业的自主选择

现阶段教师在进行作业的布置时，不能统一地布置相关的作业内容，这样极易出现两极分化的现象，因为学生的学习能力不同。因此，在现阶段的作业布置时，教师要做到重选择而轻统一。对于那些学习能力较强的学生来讲，在进行作业布置时要重视能力扩展题的巩固；对于那些学习能力比较弱的学生来

讲，教师在进行作业布置时，要注重基础作业内容的练习，这样的自主选择作业布置，能够满足不同类型学生的学习需要，将作业的布置发挥最大的功能。教师在以往的教学中，都是统一作业，这样方便了管理，但带来的弊端显而易见，全班学生的各方面能力存在巨大的差异。

四、结语

总而言之，在现阶段"双减"政策的大背景下，小学教师必须更新自己的相关教育理念，在进行作业布置时必须优化作业布置的内容，使作业的布置发挥出最大的作用，减轻学生的作业负担，促进小学生的身心健康发展。

参考文献：

［1］杨晓玲."双减"背景下开辟高效课堂优化作业设计的路径［J］.新课程，2022（7）：170-171.

［2］王雨.浅谈"双减"政策下小学数学作业的优化设计［J］.小学生（下旬刊），2022（1）：47-48.

［3］方晓波."双减"政策背景下广州市优化作业设计基本思路与实施路径［J］.教育导刊，2022（1）：12-22.

［4］李艳."双减"政策下如何优化小学数学的作业设计［J］.新课程，2022（3）：224.

（新疆生产建设兵团第十师北屯中学王玉兰撰）

第三辑
夯实基础，教学落实

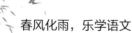

《马诗》教学设计

【教学目标】

1. 能正确、流利、有感情地朗读、背诵诗句。

2. 理解诗句的内容，体会作者所表达的思想感情。

3. 理解借物喻人、托物言志的写法。

【教学重点】

理解古诗意思，背诵积累古诗。

【教学难点】

体会作者所表达的思想感情。

【教学过程】

（一）引入：成语导入，激发兴趣

一（　）当先　　（　）到成功　　老（　）识途

千军万（　）　　万（　）奔腾　　快（　）加鞭

（二）学习新课

1. 回忆学习古诗的方法

（1）学生齐读。

一看诗题明对象，二看作者知背景，三看诗文解大意，四看资料（注释）悟诗情，反复诵读入诗境。（四看诵读法）

（2）明确这首诗，诗人描写的对象是什么。（马）

（3）课前，老师请大家预习这首古诗。现在，谁来汇报一下，你收集的有关作者李贺的资料。

2. 简介作者，酝酿情感

（1）学生汇报。

（2）出示幻灯片，教师补充作者资料。

李贺（790—816），唐代诗人。字长吉，福昌（今河南宜阳）人。他是唐朝宗室郑王后裔，但家族已经没落。他才华横溢，壮志凌云，满腹傲气，迫切地想为国家人民奉献，但因为他的父亲叫李晋肃，"晋""进"同音，与李贺争名的人，就说他应避讳父亲的名讳不举进士，使他终不得登第。李贺一生怀才不遇，穷困潦倒，27岁时在郁闷悲苦中去世。他生不逢时，又不愿媚俗取宠，因而饱受世事的嘲弄。这种情绪直接影响了他的性格，融入了诗作，他的诗平添了一层冷艳神秘的色彩，因而人们称他为"诗鬼"。

3. 写作背景

作者所处贞元、元和之际，正是作者不得志之时。而"燕山"一带又是藩镇肆虐为时最久，为祸最烈的地方。本诗正是当时所写。

4. 初读诗文，初步感知

自学要求：

（1）自由朗读，注意节奏。

（2）找出不认识的字、不理解的词，与同学讨论后还不认识的，提问。

交流展示：汇报交流，教师点拨。

5. 分步解读，理解句意

（1）自学要求：

朗读之后，同学相互说一说你明白了些什么，你不明白什么，在这之中你最想知道什么。组织好语言快速提问，其他同学认真听。

小组讨论：品读句子，联系注释理解词语以及诗文意思。

（2）交流展示。

（3）理解诗句意思。

6. 体察诗意，品悟诗情

自读第一、二句，思考：

（1）这两句诗中，把什么比喻成了什么？还把什么比喻成了什么？

（2）写了些什么景物？各有什么特点？这是一段什么描写？有什么作用？

（3）作者为什么特意描写"大漠""燕山"这些地方？这对表现马有什么特别的意义？师生共议。

7. 拓展练习：看图片，仿写诗句

品读三、四句：

（1）题目是《马诗》，诗句不见一个马字，是否离题了？为什么？

（2）"金络脑"是指什么？为什么不是铁木竹呢？这是一匹怎样的马？（引导学生抓住"金络脑""快走"，形象暗示出骏马轻捷矫健的风姿。）

（3）"何当"表达了诗人怎样的心情？

（4）有感情地朗读全诗，想象情境，体会作者想要实现理想的迫切心情。

8. 整体参读，总结写法

李贺是在单纯地写马吗？《马诗》这首诗表达了作者怎样的感情呢？（鼓励学生畅所欲言、各抒己见）从马身上表现的都是人的情绪思想，这种描写的方法叫作托物言志。

师生总结：《马诗》是托物言志的咏物诗，诗人通过咏马抒发自己的远大志向。

（三）当堂检测

（1）补充古诗

大漠_____，燕山_____。

何当_____，快走_____。

（2）《马诗》的作者是____朝诗人_____。诗句"_____，
_____。"表达了作者盼望建功立业的抱负。

（四）主题概括

《马诗》这首诗用托物言志的表现手法，诗人_____，通过写马表达了自己愿意为国家_____的远大志向和强烈渴望，同时也表达了自己的_____感慨与愤懑。

（五）作业布置

"双减"背景下的作业设计分为三类，供学生自选。

（1）基础题：在理解的基础上背诵古诗及诗意。

（2）拓展题：收集李贺其他代表作或查找有关借物喻人、托物言志的作

品，细细品读感悟一下。

（3）提升题：用四看诵读法，自主预习第10课《古诗三首》剩下的两首《竹石》和《石灰吟》，下节课有请"小先生"们交流展示。

【板书设计】

古诗三首

马诗

［唐］李贺

写景　（实）　　施展才华

抒情　（虚）　　报效国家

【教学反思】

李贺的《马诗》是对该单元"借物喻人、托物言志"表达方法的迁移和深化，诗歌通过描写清冷大气的场面，勾勒出静态中马的苍劲有力，通过"何当金络脑，快走踏清秋"的慨叹，流露出了诗人想要报效国家及施展才华的渴望，但又生不逢时的愤懑、矛盾心理。在众多歌咏马的名篇中，独树一帜、千古流传，表达了许多人的共同愿望。

俗话说，"授人以鱼，不如授人以渔"。这节课我不仅仅重视学生知识的学习，更注重古诗方法的渗透。"四看诵读法"是我为学生总结的学古诗方法，教学过程中遵循"整体感知—知人识文—分析品味—理解共鸣"的古诗教学程序，通过一个个层层推进的问题，将学生的思维紧紧扣在理解作者思想情感上来推进课堂，放手让学生思考、讨论，教学秩序井然，教学收效良好。

"一诗一画一情境"，整体感知诗意，不做逐字逐句的诗句对译，是学习古诗的策略之一。本课我也遵循了这一规律，以"读"贯穿教学的始终，引导学生积极诵读，在多种形式的诵读中感悟诗中的意境，体会诗人的情感，用画的形式凸显整首诗的意境。另外，通过一个简短的仿写练习，丰富了他们的语言积累，培养了良好的语感，提高了审美修养。

本课的教学在拓展性方面做得不够，因为《马诗》是对该单元"借物喻人、托物言志"表达方法的迁移和深化，其实还可以让学生介绍一下自己所收集到的有关写马的诗篇，鼓励学生课外收集一些其他的借物喻人、托物言志的诗，在交流中开拓思维，增加积累，不断提升自己的文学鉴赏能力。

（新疆生产建设兵团第十师北屯中学林海霞撰）

《海滨小城》教学设计

【课前解析】

关注主旨：《海滨小城》是一篇写景的美文，本文主要描写了海滨小城的美丽景色，字里行间流露出作者对小城的热爱之情。

关注结构：全文共分两部分，第一部分写的是海边美景，第二部分写的是小城美景。课文文字精美，条理清楚，应重在让学生从视觉上去感受，从文字上去懂得海边小城的美丽。

关注顺序：课文通过海上—海滩—庭院—公园—街道的顺序进行叙述，使学生学会按一定顺序，抓住事物的特点进行观察和叙述的方法。

关注语言：本文表述清晰，语言准确，用词丰富，句式多样，很有特色。

【教学目标】

1. 认识"滨、鸥"等11个生字，读准多音字"臂"，会写"滨、灰"等13个字，会写"海滨、街道"等16个词语。

2. 正确、流利地朗读课文。能说出课文描写的主要景物及其样子。

3. 能找出第4～6自然段的关键语句，借助关键语句理解段落的意思。

4. 能摘抄自己认为写得好的句子，并与同学交流。

【教学重点】

能找出第4～6自然段的关键语句，借助关键语句理解段落的意思。

【教学难点】

能找出第4～6自然段的关键语句，借助关键语句理解段落的意思。

59

【教学课时】

2课时。

【教学准备】

课件。

【教学过程】

第一课时

（一）课时目标

（1）认识"滨、鸥"等11个生字，读准多音字"臂"，会写"滨、灰"等13个字，会写"海滨、街道"等16个词语。

（2）能朗读课文，了解课文写了海滨小城的哪些景象，并感受海滨的美。

（3）能摘抄自己认为写得好的句子，并与同学交流。

（二）课时教学过程

1. 揭示课题，欣赏图片

（1）（出示课件1）导入：本单元前两课，我们一起领略了风景优美的湖光山色和美丽富饶的西沙群岛，这节课我们将走近海滨小城。

（2）教师板书课题，（板书：海滨小城）学生齐读课题。

（3）（出示课件2）欣赏海滨城市的美景图。

设计意图：谈话的形式引入课题，出示美丽的图片，使学生兴趣盎然地进入教学情景。

2. 初读课文，解决字词，整体感知

（1）（出示课件3）请学生大声朗读课文，读准字音，读通句子，难读的地方多读几遍。边读边想，这篇课文写了海滨小城的哪些景象。

（2）学习生字词。（出示课件4）

①指名学生朗读词语，评价读得是否正确。

②引导学生采用多种方式识记、理解生字。

例如，通过形近字比较识记"载"，引导学生理解"载"是用工具装运东西，所以有"车"，"栽"是种植物，所以有"木"；结合数学学习经验识字，在"除法、除数、被除数"等词语中识记生字"除"。

③ 读准多音字"臂"。（出示课件5）

让学生在语境中分辨读音：

他们的脸上和胳_____也镀上了一层金黄色。

请你助我一_____之力。

（3）初步把握课文内容。（出示课件6）

① 请学生交流讨论：这篇课文写了海滨小城的哪些景象？

② 学生交流后，教师进行梳理，明确课文写了海滨小城中海上、海滩、庭院、公园、街道的景象。（板书：海滨—海上—海滩—小城—庭院、公园、街道）

教师质疑：作者对"海滨"和"小城"两部分进行了描写，作者按什么顺序来观察海滨小城的？

预设：海滨—小城；由远及近的顺序。（板书：远→近）

3. 学习第1、2自然段，体会海上之美

（1）（出示课件7）引导学生读一读第1、2自然段，说说大海给你留下了怎样的印象，圈画出你印象最深刻的地方。

（2）指名学生交流第1自然段，教师相机指导。（出示课件8）

① 引导学生聚焦本段第1句"我的家乡在广东，是一座海滨小城"，了解课文开篇点题的写法。

② 提问：海上有这么多的景物，它们是什么样子的呢？读读第1自然段，圈画出作者描写的景物。

预设："浩瀚的大海""天是蓝的，海也是蓝的""棕色的机帆船""银白色的军舰""白色的、灰色的海鸥""云朵"。

③ 指导学生围绕描写颜色的词语展开交流，体会景物的美。例如，从"天是蓝的，海也是蓝的"，我们可以想象到海天一色的美丽画面。

④ 课件播放海上美景图，学生欣赏。（出示课件9）

⑤（出示课件10）引导学生仿照"跟海鸥一样颜色的云朵"写句子。

预设1：跟天空一样颜色的大海。

预设2：跟朝阳一样颜色的花朵。

预设3：跟夜晚一样颜色的长发。

（3）指名学生交流第2自然段，教师相机指导。（出示课件11）

① 学生读第2自然段，圈画出本段作者描写的景物。

② 课件播放海上早晨的美景图，学生欣赏。

（4）（出示课件12）教师提问：你最喜欢这两段中哪句话描绘的景象？

预设1：我最喜欢海上飞翔的海鸥，它们有白的、灰的，那天空中的云朵也是白的，真是海天一色啊！

预设2：我喜欢海中棕色的机帆船、银白色的军舰、蓝蓝的大海，色彩很美，很有画面感。

教师追问：海上的景色那么美，颜色那么多，你能用一个词语来概括吗？（色彩绚丽）

（板书：色彩绚丽）

（5）学生齐读第1、2自然段。

（6）交流学习方法。（出示课件13）

教师提问：通过上面的学习，你知道了什么学习方法？

学生交流后，教师小结：通过"圈画景物，想象画面，摘抄喜欢的句子"的学习方法体会到了海滨小城的大海之美和文章语句的韵律美。

4. 迁移学法，学习第3自然段，体会沙滩之美（出示课件14、15）

（1）请学生大声读第3自然段，想一想，这段话描写了沙滩上的哪些景象？

① 教师提出学习要求：小组合作，运用"圈画景物，想象画面，摘抄喜欢的句子"的方法学习。

② 指名学生交流，教师梳理总结：这段话描写了沙滩上寂寞的贝壳、喧闹的船队。

（2）提问：你摘抄了这个段落中的哪个句子？指名学生交流，教师相机指导。

① 交流"寂寞的贝壳"部分。

预设1：海边是一片沙滩，沙滩上遍地是各种颜色、各种花纹的贝壳。

引导学生围绕"遍地、各种颜色、各种花纹"体会贝壳的数量多和美丽。

预设2：这里的孩子见得多了，都不去理睬这些贝壳，贝壳只好寂寞地躺在那里。

引导学生关注"寂寞地躺在那里"，理解作者运用拟人的修辞手法，写出了孩子们对贝壳已经司空见惯，提不起丝毫兴趣的样子。

教师提问：看到这些寂寞的贝壳，你有怎样的体会呢？

预设：体会到沙滩的安静。

出示贝壳图片，学生欣赏，感受贝壳的美和多。教师指导朗读，引导学生注意语速、语气，读出安静的状态。

② 交流"喧闹的船队"部分。（出示课件16）

出示句子：远处响起了汽笛声，那是出海捕鱼的船队回来了。船上满载着银光闪闪的鱼，还有青色的虾和蟹，金黄色的海螺。船队一靠岸，海滩上就喧闹起来。

引导学生读一读并圈画出作者描写的景物。

预设：船队、银光闪闪的鱼，还有青色的虾和蟹、金黄色的海螺。

教师引导：捕鱼的船队满载着各种海产品回来了，船队一靠岸，海滩上就喧闹起来了。教师相机播放"银光闪闪的鱼""还有青色的虾和蟹""金黄色的海螺"的图片，帮助学生感受海滩的"热闹"。

（出示课件17）引导学生想象说话：船队靠岸，你听到了、想到了什么？

预设1：伴随着马达声，一艘艘渔船陆续回港，渔民们忙碌起来：分拣鱼，清理渔网，跳跃的鱼儿让饱经沧桑的渔民露出了灿烂的笑容。

预设2：码头上一派鱼跃人欢的景象，岸边渔民的吆喝声、收购商的讨价还价声此起彼伏，传递着开渔第一网获得丰收的喜悦。

教师指导朗读，注意语速、语气，读出热闹的状态。

（3）教师小结：海边有寂寞的贝壳，还有喧闹的船队，一静一动构成了一幅海边美景图。（板书：动静结合）

（4）学生齐读第3自然段。

（5）梳理海滨景象。（出示课件18）

请学生回顾第1、2自然段，梳理出下面的结构图：

$$
海滨景象
\begin{cases}
海上景象
\begin{cases}
海天远景 \\
海上日出
\end{cases} \\
海滩景象
\begin{cases}
贝壳遍地 \\
渔船归来
\end{cases}
\end{cases}
$$

　　设计意图：教学时重点指导阅读"海上"场景，教给学生方法。"海滩"部分则迁移学法，自主学习，体现了由扶到放的过程，有利于学生提高学习能力。

　　5. 书写指导，课堂小结

　　（1）指导书写本课生字。

　　①（出示课件19）指名认读，引导学生仔细观察字的结构和需要注意的笔画。

　　②（出示课件20、21）重点指导"靠、踩"，教师范写。

　　靠："告"要写得扁一点儿，最后一笔横压在横中线上。"非"的两竖在竖中线两边，左右三横都是中间的横稍短，间距要均匀。

　　踩：足字旁与"采"相比而言要写得短。足字旁中的"口"要写得小，"止"要写得宽一点儿。"采"的上半部分要写得扁而紧凑，下半部分的横压在横中线上，撇穿插到足字旁的下面，捺要舒展。

　　③学生书写，展示评价。

　　（2）抄写"海滨、街道"等16个词语。

　　（3）课堂小结。（出示课件22）

　　教师小结：这节课我们学习了课文生字，运用"圈画景物，想象画面，摘抄喜欢的句子"的学习方法，初步感受了海滨小城的美。

　　6. 巩固练习，布置作业

　　（1）课堂演练。（出示课件23～25）

　　（2）布置作业。（出示课件26）

　　①本课生字词写2遍，词语解释写2遍。

　　②积累描写海滨城市的相关文章，选择自己感兴趣的摘抄记录。

第二课时

（一）课时目标

（1）能找出第4～6自然段的关键语句，尝试借助关键语句理解段落的意思，体会庭院、公园和街道的美。

（2）能摘抄自己认为写得好的句子，并与同学交流。

（二）课时教学过程

1. 回顾旧知，复习导入（出示课件27）

教师提出问题：你还记得我们在第18课是如何找到关键句的吗？

指名学生交流，教师梳理：先读懂每一句话的意思，再想想这些句子是围绕哪一句来写的。

教师导入：回顾了找关键句的方法，接下来就让我们带着轻松的心情，再走近这座海滨小城的庭院、公园和街道，继续感受它的美。

2. 借助关键句，读懂第4自然段，感受庭院之美

（1）（出示课件28）请学生大声读课文第4自然段，画出段落的关键句，思考：围绕关键句，段落写了哪些内容？

（2）指名学生交流，教师相机指导。（出示课件29）

① 学生自读第4自然段，教师提问：小城的庭院有什么特点？请从这段中画出一句能概括其特点的句子。

预设：小城里每一个庭院都栽了很多树。

教师引导小结：这是本段的总述句，也点出了庭院的特点。

② 引导学生从"有……还有……""飘得满街满院都是""一片片红云"等词句，体会庭院的美丽，再梳理出这一段写了"树木种类多""桉树香味浓郁""凤凰花美"三个方面的内容，都是在写树，从而发现这段话是围绕第一句来写的，不仅写了树很多，也写了树很美。（板书：树种类多　叶香　花热闹）

③ 播放本段中提到的一些树木的图片，让学生直观感受庭院的美丽。（出示课件30）

（3）学生齐读第4自然段。

3. 小组合作，学习第5、6自然段，感受公园、街道之美

（1）（出示课件31）过渡：我们借助关键句理解了一段话的意思，下面小组合作，学习课文描写公园和街道风景的两个自然段。

（2）学生小组合作学习后，教师指名学生交流学习成果，相机指导。

①借助关键句体会公园的美。（出示课件32）

A. 学生自读第5自然段，教师提问：小城的公园有什么特点？请从这段中画出一句能概括其特点的句子。

预设：小城的公园更美。

B. 引导学生围绕"许许多多""一棵棵""撑开的绿绒大伞"体会榕树的多和美。把榕树比作绿绒大伞，感受榕树的高大浓绿和枝繁叶茂。（板书：榕树大　树叶密）

C. 播放小城公园的图片，学生欣赏，直观感受公园的美。

D. 请学生仿照例句写一句话。（出示课件33）

例句：一棵棵榕树就像一顶顶撑开的绿绒大伞，树叶密不透风，可以遮太阳，挡风雨。

预设：一只只小鸟就像一个个技艺高超的音乐家，它们叫声响亮，节奏欢快悦耳。

E. 学生齐读第5自然段。

②借助关键句体会街道的美。（出示课件34）

A. 学生自读第6自然段，教师提问：小城的街道有什么特点？请从这段中画出一句能概括其特点的句子。

预设：小城的街道也美。

B. 提问：你是从哪儿体会到街道也很美的？

引导学生围绕"甚至连……都……"体会走在街道上舒服的感受和街道的干净。（板书：十分干净）

C. 播放小城街道的图片，学生欣赏，直观感受街道的美。

D. 请学生仿照例句写一句话。（出示课件35）

例句：人们把街道打扫得十分干净，甚至连一片落叶都没有。

预设：他一整天都在工作，甚至忘了吃饭睡觉。

E. 学生齐读第6自然段。

（3）梳理小城景象。（出示课件36）

①回顾第4～6自然段的内容，梳理出下面的结构图：

```
        ┌── 树多——小城里每一个庭院都栽了很多树。
        │
小城景象 ┤   公园美——小城的公园更美。
        │
        └── 街道美——小城的街道也美。
```

② 提问：读一读第4～6自然段的中心句，你发现了什么？引导学生从"更、也"等词语中体会三句话之间的递进关系。

③ 分小组读第4～6自然段。

设计意图：第4自然段，借助以往的学习经验，找到关键句，再借助关键句理解一段话的意思，教师相机点拨，让学生领悟学习的方法。第5～6自然段结构与第4自然段一样。因此，教学时由扶到放，让学生自主运用找关键句的方法小组合作学习，然后小组交流，较好地落实了本单元的语文要素。

4. 概括小城特点，摘抄句子

（1）（出示课件37）请学生自由读第4～7自然段，找出概括海滨小城景物特点的一句话。

预设：这座海滨小城真是既美丽又整洁。（板书：美丽整洁）

教师小结：小城中庭院树木繁多，公园榕树更美，街道干净整洁。这一切是家乡人民用勤劳的双手建设的。我们一起来大声读最后一句，读出对家乡的热爱和赞美之情。

（2）（出示课件38）引导学生完成课后第三题：摘抄喜欢的句子，抄写下来与同学交流。

预设1："一棵棵榕树就像一顶顶撑开的绿绒大伞"——语言生动形象。

预设2："凤凰树开了花，开得那么热闹"——很有新鲜感。

5. 总结概括，巩固练习，布置作业

（1）课堂小结。（出示课件39）

教师小结：在海滨小城，我们领略了与西沙群岛不一样的美丽，学习了"借助关键句理解一段话的意思"的方法。我们身边到处都是美，只要我们用心去学习、观察，就能发现。课余时间我们可以和大人一起找一找、比一比谁发现的地方更美。

（2）主题概括。（出示课件40）

这篇课文条理清楚，先写海滨，再写小城。通过对海滨小城的描写，突出了海滨小城的美丽、整洁，表达了作者对家乡的喜爱与赞美。

（3）课堂演练。（出示课件41、42）

（4）布置作业。（出示课件43）

① 化身"小导游"抓住景物特点向游客介绍海滨小城（可以试着用文中的词语或句子）。

② 完成《一课一练素养提升手册》本课思维导图，进行班级作业展评。

【板书设计】

【教学反思】

在教学中要重视培养学生的自学能力，要教给学生一些学习方法，鼓励他们采用适合自己的学习方法，主动地进行学习。在阅读教学中如何渗透学法指导，是当前小学语文教学改革的一个重要课题。因此，在《海滨小城》这篇课文教学时我在此方面下了一番功夫，具体表现：抓住重点，教出特点，交给学生一把自学的金钥匙。在这节课里，我做到了有扶有放，半扶半放，扶得自如，放得洒脱，着力于让学生"在游泳中学会游泳"，教给他们一把独立欣赏文章的金钥匙。例如，我在教学第4自然段时先是诱导学生由表及里逐层深入地品读这一重点段，接着让学生运用同一方法去自学第5、6自然段，并做出小结。这样的"扶""放"就收到了事半功倍的效果。

与此同时，我还注重精讲巧练，抓准训练点。阅读最终还是要落实到表达与仿写上，不加引导、不讲方法而单纯让学生模仿表达，很容易伤害学生的表达热情。因此，在教学过程中，我从两个方面解决了这个问题：一是抓住课文留白，如海滩上的"喧闹"场景，引导学生想象说话。二是学完课文之后，让学生在课后化身"小导游"抓住景物特点向游客介绍海滨小城，充分激发了学生的表达兴趣。

总的来说，教学效果基本令人满意，但在课堂上，我还要进一步规范自己的语言，对学生的评价语言应该尽量多元化，从而调动起更多的学生参与的热情。

（新疆生产建设兵团第十师北屯中学林海霞撰）

《习作：我们眼中的缤纷世界》教学设计

【教学目标】

1. 把自己观察的印象最深的一种事物或一处场景写出来，语言流畅，内容具体。

2. 让学生学会细致观察，有条理地写下观察中新的发现，或是观察中发生的事。

3. 能够主动地关注生活，乐于表达自己真实的感受。

4. 愿意将自己的习作读给别人听，并虚心接受他人提出的意见和建议。

【教学重点】

把我们最近观察时印象最深的一种事物或一处场景有条理地写下来。

【教学难点】

调动身体感官，把事物写生动具体。

【教学课时】

2课时。

【教学准备】

课件。

【教学过程】

第一课时

（一）课时目标

（1）能用自己的语言描写印象深的事物。

（2）能条理清晰地描写生活中的事。

（二）课时教学过程

1. 引入话题

（1）（出示课件1）引导交流：世界是丰富多彩的，说说你眼中的美丽世界吧！

（2）（出示课件2～4）学生交流后，教师梳理概括：大家眼中的美丽世界真是缤纷多彩！有美丽的植物、美丽的自然，可爱的猴子、可爱的动物，人类的生活、人类的情感等。

（3）（出示课件5）引入话题，教师适时板书课题。

2. 审题指导

（1）了解写作内容。（出示课件6）

教师提出要求：让我们读读文本内容，找找本次写作的内容。

学生交流。教师明确写作内容：把最近观察时印象最深的一种事物或一处场景写下来。

（2）明确写作要求。（出示课件7～9）

教师过渡：下面让我们来读一读题目，看看里面隐含了哪些要求。

组织学生分析题目：我们眼中的缤纷世界——"眼中"是指观察到的；"缤纷"是丰富的、美丽的意思；"世界"则是指各方面的风景。

明确写作要求：从广泛的生活中，观察美丽的风景事物，然后写成一篇文章。

（3）交流写作范围。（出示课件10～13）

教师提问：我们可以写哪些风景呢？

学生交流，教师梳理归纳：

① 校园里的风景——校园里的花园、丰富的课外活动、充实的学习生活……

② 大自然的风景——花草树木的生长、虫鱼鸟兽的生活、风霜雪雨的现象……

③ 人类生活——大街小巷的行人、商铺里的人、劳动干活的人……

设计意图：引导学生审题，培养学生在写作中养成审题的好习惯，让他们有所思、有所想。

3. 习作指导

（1）拓展观察角度。

（出示课件14）启发思考：观察的时候，我们要多角度，立体化。怎么做到这一点呢？

学生交流反馈。

（出示课件15～18）教师梳理总结：

① 视觉：用眼睛看。看形状、大小、颜色。

② 触觉：用手或其他部分接触。感受：光滑与粗糙、冷与热、轻与重、柔软与坚硬。

③ 嗅觉、味觉：用鼻子闻气味、用嘴品尝味道。感受：香味的浓与淡、味道的苦与甜。提示：味觉和嗅觉往往并用。

④ 听觉：用耳朵听声音。感受：自然界的声音、人类社会的声音。用声音激发读者的想象。

（2）实战演练：观察事物。（出示课件19～20）

过渡：大家知道的还真不少，下面我们一起来演练一下。

引导学生实际观察一束花。

预设：视觉——鲜红的花朵；嗅觉——浓浓的花香；听觉——风吹花响；触觉——滑润的感觉；味觉——甜丝丝的。（教师相机提示：根据事物特点选用，不要都写。）

（3）指导写出景物的变化。（出示课件21～24）

启发思考：除了多角度描写，还要写出景物的变化。这一点如何做到？

预设1：写风　起风—风大—风小—风停

预设2：写日出　天空变亮—太阳慢慢变大——片光明

预设3：写树林　树林里阳光的变化，小河的流淌，动静的转换

预设4：写草地　空间转换，草的颜色、品种，草的疏密程度，有多种变化

教师总结变化的"技巧"：

① 可以按时间写发展变化——前中后。

② 可以按空间写对象变化——上下远近。

（4）模仿范例写片段。（出示课件25～29）

过渡：下面就是具体内容的写作了。我们要注意点什么呢？

引领学生先看一段范例：珍珠鸟们喜欢吃谷子，也喜欢吃菜叶。吃谷子时总是排队吃，可吃菜叶时就不一样了。我把菜叶丢进去以后，它们很害怕，等它们确定没有危险时，皮皮先试着吃了几口，然后便大胆地吃起来。乖乖看皮皮吃得那么香，就飞过去和皮皮抢着吃。吃完东西，它们就开始梳理羽毛。先抖抖身上的羽毛，再把尾巴像扇子一样张开扇扇，然后把肚子上的毛啄啄，再张开翅膀，用嘴从里到外把翅上的羽毛一根根梳理，用爪子挠挠头，就梳理完毕。

发现范例的优点：作者观察很仔细，生动描写了珍珠鸟们吃东西和梳理羽毛的过程，用了表示先后的词语，也用了准确的动词。

请学生模仿范例写一写。

预设：有一天，我在小树林里玩耍，看见一张薄薄的网上挂着一只小蜘蛛，还有几只小飞虫。我便好奇地蹲在地上，静静地看着。那只小蜘蛛不慌不忙地爬到小飞虫的旁边，先吐丝把小虫子包裹起来，再把它嘴边牙齿似的东西插进小虫子的身体里，最后把它们都吞到肚子里去，才心满意足地爬了回去。

（5）交流习作的想法。（出示课件30）

教师提问：关于这次习作，你有什么想说的吗？

预设1：世界是丰富多彩的，我要挑选熟悉的事物来写，比如我家旁边的小公园。

预设2：除了写景，还可以写物；除了写动物，还可以写植物，只要是世界的一分子，都可以写。

预设3：写景物的时候，我至少要通过两个角度描写，如视觉和嗅觉。

设计意图：引导学生多角度观察并写出景物的变化，充分打开学生的思路。让学生模仿范例写片段，低起点，小步子，降低习作的难度。

4. 写作提纲

（出示课件31）引导：你想好自己的内容了吗？不要急于下笔，先构思，编写好写作提纲。

（出示课件32）明确本次习作提纲要求。

选一处景、物或人，细致观察，多角度描写。

（1）你所选的写作素材是什么？

（2）其最主要的特征是什么？

（3）你将怎样写出这些特征？

（4）你将景、物或人，分为哪几个阶段或者哪几个方面进行描写？

（5）你是否能从多角度描写？

（6）你打算拟个什么题目？

（出示课件33～35）展示三个提纲范例：

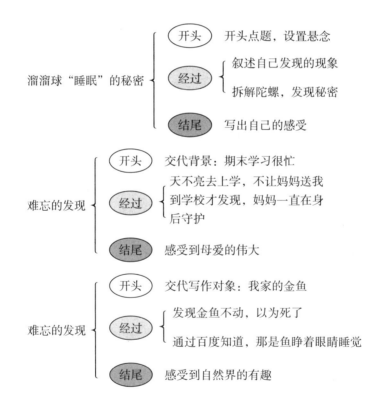

设计意图：引导学生在下笔前编写写作提纲，让整个习作过程更清晰。

5.学生习作，同桌互评

（1）（出示课件36）学生在课堂内完成习作。

（2）（出示课件37）写好之后，与同桌交换一下，看看谁写得最好。

第二课时

（一）课时目标

（1）能运用学过的修改符号，修改有明显错误的内容。

（2）愿意将自己的习作读给别人听，并虚心接受他人提出的意见和建议。

（二）课时教学准备

学生上节课完成的习作。

（三）课时教学过程

1.例文评析，借鉴优点

（1）（出示课件38～41）集体欣赏例文。

溜溜球"睡眠"的秘密

溜溜球大家都玩过吧！不久前，我发现了溜溜球"睡眠"的秘密。

那天我在家里玩溜溜球，各种招式："智能旋风""荡秋千""猴子上树"……溜溜球在我手里，像调皮的小孩，转圈、上蹿、下跳、翻跟头。最后，溜溜球在原地快速地转动着，一动不动，就像睡着了一样。

溜溜球明明在转动，可为什么能"睡眠"呢？我上看看，下看看，左右也看了一会儿，没发现什么。我把它的两半拆开，又仔细地研究了一下，终于明白了。原来，在绕紧线用力向下掷的时候，两个半球的球体在向前转，球体自转的时候，中间的小轴承也在转，这也就形成了相对的稳定——也就是我们所说的"睡眠"。

这时候，我非常高兴，禁不住大喊起来："我发现秘密了，我是小科学家了！"

我们的生活中处处有科学，只要我们认真观察，仔细思考，总会得到一些意想不到的结果。

引导学生关注例文中的重点语句，适时出示旁批，带领学生欣赏例文的写法。

教师相机展示另外两篇例文。

（2）（出示课件42）借鉴例文的优点。

引导学生借鉴例文的三个优点：①内容具体；②描写生动；③事例真实。

2. 同桌互评，总结技巧

（1）（出示课件43）请学生和同桌交换作文，根据"评分标准"相互批改。

提示：要使用作文评改符号，最后得出总分，并写出评价。

（2）（出示课件44）明确评价标准，同桌之间互评。

评价标准	1.没有错别字，语句通顺，表达流畅
	2.用词准确生动，意思表达清楚明确
	3.文章结构清晰，详略得当，重点突出
	4.开头能点明主题，结尾能恰当呼应、升华
	5.文章立意较好，符合主流价值观
	6.文章主旨明确，有真情实感，抒发手法多样
	7.语言生动有个性，恰当使用修辞手法
	8.符合本次作文要求： ①能体现世界万物的缤纷 ②文章分层清晰，写出景、物、事的变化 ③观察仔细，描写细腻 ④能从多个角度描述

（3）评改范例。

①（出示课件45）分析范例的问题。

预设：我家养了一对可爱的珍珠鸟。十分惹人喜爱，黑黑的尾巴上夹杂着珍珠似的白点儿，我给嘴旁有黄色斑点的起名叫皮皮，另一只叫乖乖。

问题分析：这段对珍珠鸟的描写不够细致，无法体现出作者是仔细观察过的。应该对珍珠鸟的外貌进行细致描写。

②（出示课件46）修改后的段落和原段落对比一下。

修改后段落：我家养了一对可爱的珍珠鸟。它们圆圆的小脑袋上嵌着一双黑宝石般的小眼睛，红红的小嘴儿一张一合的，十分惹人喜爱，黑黑的尾巴上夹杂着珍珠似的白点儿，我想这就是珍珠鸟得名的原因吧。我给嘴旁有黄色斑点的起名叫皮皮，另一只叫乖乖。

教师引导学生发现这样修改的原因：文中通过珍珠鸟的颜色、神态和动作，多角度地描写了珍珠鸟，让人感觉珍珠鸟就在面前。

（4）回顾习作内容，总结技巧。（出示课件47）

技巧总结：

①选材范围很广，但要选择自己熟悉的。

②写作前列好提纲，看看能写哪几个方面。

③观察要仔细，对事物外貌、动作细致描写。

④描写时以视觉为主，辅之以听觉、嗅觉等。

（5）学生修改习作，教师巡回指导。

设计意图： 分析优秀例文，让学生借鉴其优点。通过评改，让学生找到自己作文的问题所在，优化习作。

【教学反思】

本次习作要求写"我们眼中的缤纷世界"，其实就是让学生学会观察生活，无论是风景还是人文，都要求学生能自己用眼睛去看、用耳朵去听、用心去想、用语言去交流去表达。作文前的辅导应该以鼓励学生为主，提高学生的表达积极性，引导学生去发现生活中有正能量的事物，从而培养学生对世界真、善、美的认知和追求。

前段时间，无论是在课堂上还是在课外，我一直注意引导学生关注周围的事物以及事物的变化。在本节课的单元习作中，我主要是鼓励他们把观察中的发现写下来。通过展示交流，让学生进一步感受留心观察的好处，相互启发，开拓思路，从而使学生逐渐养成留心观察、细致观察的习惯。

生活中不是缺少美，而是缺少发现美的眼睛，可以说美是无处不在的。作为语文教师，我们首先要拥有一双慧眼，发现美，传递美，做学生们的榜样。缺少对生活的发现和感悟很难写出富有真情实感的作文，缺少对生活的爱和热情也难以对写作产生多大的兴趣和热情，所以，用心去感染我们的学生们吧，这是一条捷径。

（新疆生产建设兵团第十师北屯中学林海霞撰）

《"凤辣子"初见林黛玉》教学设计

【课程要求】

立足学生核心素养发展，充分发挥语文课程育人功能，构建语文学习任务群，注重课程的阶段性与发展性。学生是学习的主体，教师则是教学活动的组织者和引导者。阅读是学生个性化的行为，不应以教师的分析来取代学生的阅读。因此，我在本课时的教学设计中，注重学生的自读感悟与教师的启发引导相辅相成，突出学生通过细节感悟语言文字体会作家描写人物的方法，重点体会人物外貌、神态、语言、动作及心理描写的精妙所在。

【教材分析】

《"凤辣子"初见林黛玉》是《红楼梦》第三回中的一个片段。人教版将其编入小学语文第十册第七单元中，该单元教材以"作家笔下的人"为专题，采取了不同的手法，刻画了一系列鲜活的人物形象。《"凤辣子"初见林黛玉》是《人物描写一组》一课的第三个片段。本文重点描写的是林黛玉初进大观园与众人相见的过程，通过特写与"凤辣子"王熙凤的见面经过，向读者展示了一个泼辣张狂、口齿伶俐、善于阿谀奉承、见风使舵、喜欢使权弄势、炫耀特权和地位的人物形象。课文通过正面和侧面两个方面的描写，淋漓尽致地展现出王熙凤的性格特征，使人物形象更加丰盈饱满、极具鲜明特色。

【教学目标】

1. 正确、流利地朗读课文。

2. 品读人物的语言、外貌、动作、神态描写，揣摩王熙凤的性格特征和林黛玉的心理描写，体会作者刻画人物的方法。

3. 激发学生阅读《红楼梦》的兴趣，自主做中华优秀传统文化的继承者和发扬者。

【教学重点】

品读人物的语言、神态、外貌、动作描写，揣摩王熙凤的性格特征和林黛玉的心理描写，体会作者刻画人物的方法。

【教学难点】

体会作家描写人物的方法，并在习作中学以致用。

【教学课时】

2课时。

【教学准备】

课件。

【教学设计】

教学设计	教学增补
（一）竞猜导入：名著人物猜猜看 同学们，本学期老师推荐大家阅读我国经典巨作四大名著，书中都有哪些栩栩如生的人物形象令你镌刻脑海、难以忘怀呢？一起进入名著人物猜猜看吧！ （1）云长停盏施英勇，酒尚温时斩华雄。（《三国演义》中人名） （2）诚心向佛心肠软，顽固执着不怕难。（《西游记》中人名） （3）粉面含春威不露，丹唇未启笑先闻。（《红楼梦》中人名） 大家都非常熟悉这些典型人物特点，回答完全正确！最后一个就是王熙凤。今天就让我们一起走进古典名著《红楼梦》，认识王熙凤这个生动多面、魅力十足的女性。	兴趣谈话，猜谜导入：迅速调动学生主动参与、勇于表达的学习积极性。 开门见山，直抒胸臆，点明本课学习重点。

续 表

教学设计	教学增补
（二）第一板块：厘清人物关系，疏通字词，初步感知人物形象 1. 了解《红楼梦》梗概 通过预习，你对《红楼梦》有哪些了解呢？谁能来说一说预学单上的第一题？（随机抽查学生课前预习掌握情况，及时点拨引导。） 反馈预学单第1题： 《红楼梦》是（清）朝小说家（曹雪芹）写的恢宏巨作。作品以（贾宝玉）和（林黛玉）的爱情悲剧为线索，展现了封建王朝（贾）（史）（王）（薛）四大家族的兴衰史。 今天我们要学的课文题目是《"凤辣子"初见林黛玉》，选自《红楼梦》第三回，读题目我们就已经知道文中的两个主要人物是（王熙凤和林黛玉），当然文中还有一个很重要的人物，她就是（老祖宗——贾母）。	通过检查课前预习，了解学情，及时点拨引导。 了解《红楼梦》以及作者的相关资料。
《红楼梦》一书塑造了好几百个人物，里面的人物关系纷繁复杂，那么文中的这三个人又是什么关系呢？这荣国府被曹雪芹称为"金门玉户神仙府，桂殿兰宫妃子家"，尽管贾母因年事已高她把管理大家族的事情交给了孙媳妇王熙凤，但是她在这个大家族里至高无上的地位是无人可以撼动的（人物关系），因此荣国府里，地位最高的是（贾母），管事最多的是（王熙凤），新到贾府的是（林黛玉）。	通过思维导图，厘清《红楼梦》主要人物关系。
2. 交流字词 出示预学单第2题：要求同学们摘录难读的字词和句子，现在和同桌一起读一读。（同桌互查预学单2）老师也摘录了一些，谁来试试。（先带拼音读，后去拼音读） 敛声屏（bǐng）气　恭肃严整　放诞无礼　攒（cuán）珠髻 赤金盘螭（chī）　璎珞圈　豆绿宫绦（tāo）　缕（lǚ）金 窄裉（kèn）袄　身量（liang）　打量（liang）　风骚　嫡亲 纳罕　来者系（xì）　谁　裙边系（jì）着	同伴互助，互学互促。 对于生僻字和易错读音，鼓励"小老师"指导识记。
其实，课文难读是因为《红楼梦》是一部古白话文作品，读原著虽有些困难，但更能够感受经典文字的魅力。 （三）第二板块：品读人物描写，欣赏视频，体会人物特点 1.自读课文作批注，初步感知人物形象 扫除了字词障碍，老师想请同学们大声地通读全文，走近"凤	鼓励学生勇于尝试读原著，感受中华优秀传统文化魅力所在。

教学设计	教学增补
辣子"王熙凤，并在相关的句子旁用一两个词语作批注，说说王熙凤给你留下了怎样的印象。（出示自学要求） 自学要求： （1）大声朗读课文。 （2）思考：王熙凤给你留下了怎样的印象？用词语在句子旁作批注。 （3）小组合作交流：你从哪里体会到王熙凤的个性特点。 （机动：教师边巡视边请学生在黑板上写上批注的词语，要选择到各方面特点的词语） 2.合作交流，感悟语言魅力；欣赏视频，分享阅读感悟 （1）品读着装打扮 请同学们说一说自己眼中的王熙凤是怎样的（漂亮、美丽、雍容华贵等），何以见得呢？（学生说句子，教师顺势出示外貌描写的句子） 外貌描写：头上戴着金丝八宝攒珠髻，绾着朝阳五凤挂珠钗；项下戴着赤金盘螭璎珞圈；裙边系着豆绿宫绦双鱼比目玫瑰佩；身上穿着镂金百蝶穿花大红洋缎窄裉袄；外罩五彩刻丝石青银鼠褂；下罩翡翠撒花洋绉裙。 老师发现这大段的外貌描写读起来确实有些拗口，你看，我若这样停顿，读起来是否就顺口了许多呢？（出示停顿后的句子，教师示范读，再随机请几个学生读、男女生赛读、全班齐读。） 头上戴着：金丝八宝/攒珠髻/绾着/朝阳五凤/挂珠钗 项下戴着：赤金盘螭/璎珞圈/裙边系着/豆绿宫绦/双鱼比目/玫瑰佩 身上穿着：镂金百蝶穿花/大红洋缎/窄裉袄/外罩/五彩刻丝/石青/银鼠褂/下罩/翡翠撒花/洋绉裙 哪位同学再来试一试，你觉得这段话读起来感受如何？（节奏感很强、朗朗上口）是呀，这就是经典的魅力，王熙凤在《红楼梦》的第一次华丽亮相，作者极尽浓墨重笔描写她的着装打扮，她的雍容华贵，我们才看一眼就在脑中挥之不去。曹雪芹不愧是语言大师呀！	不动笔墨不读书。鼓励学生带着问题从文中寻找答案，并学会提炼关键词语，从而深入剖析、理解感悟。 本文用古白话文写成，前期所学《猴王出世》也是这样的表达方式。对于学生阅读理解存在一定难度。授人以鱼，不如授人以渔。注重学习方法传授，事半功倍。 通过精准传神的外貌描写，王熙凤的人物形象跃然纸上，描写刻画细致入微。

续 表

教学设计	教学增补
（2）品读神态描写 初次见到王熙凤，我们看到的仅仅是她的美丽，雍容华贵吗？你是否又隐隐地感受到了什么？（引导学生找出描写人物神态的句子，学生汇报完后，出示句子） 一双丹凤三角眼，两弯柳叶吊梢眉。粉面含春威不露，丹唇未启笑先闻。 句子进行比较体会： ① { 一双丹凤眼，两弯柳梢眉。 　　 一双丹凤三角眼，两弯柳叶吊梢眉。 ② { 粉面含春，丹唇未启。 　　 粉面含春威不露，丹唇未启笑先闻。	通过引导学生将两组句子分别比较后，说出自己的感悟，注重培养学生观察思考和表达能力。
我们形容一个古典美女往往说"一双丹凤眼，两弯柳叶眉。"现在有请女生读第一组和第二组的第一句，男生读第二句。请同学谈感受（同样是美女，前者温柔美丽，后者虽美却感觉尖锐犀利）。同学们善于抓住关键字词来体会人物形象，真是个好方法。	通过视频直观呈现，学生对王熙凤、林黛玉等人物形象感悟更加深刻。
播放1987年版的电视剧《红楼梦》中"凤辣子"初见林黛玉相关视频，比较真实地再现了书中人物形象，欣赏片段，看看演员是否把她的个性特点表演到位了呢？（鼓励学生仔细观察、深入剖析，勇于表达、畅所欲言。）	品读语言、动作描写：小组合作，交流体会。
（3）品读语言动作 小组合作，交流体会。古人云：相由心生，刚刚品读了王熙凤的外貌描写，现在我们再察言观色，读读她的言行，透过言行去探究她的内心世界。 句子一：我来迟了，不曾迎接远客。 真是未见其人，先闻其声。放诞无礼，泼辣张狂。（相机板书）谁能边笑着边用你的朗读把"凤辣子"的泼辣张狂表现出来。鼓励学生实践感知。	王熙凤：泼辣张狂 　　　　口齿伶俐 　　　　善于阿谀奉承 　　　　见风使舵 　　　　喜欢使权弄势 　　　　炫耀特权和地位
句子二：这熙凤携着黛玉的手，上下细细地打量了一回，便仍送至贾母身边坐下，因笑道：天下真有这样的标致人物，我今儿才算见了。况且这通身的气派，竟不像老祖宗的外孙女儿，竟是个嫡亲的孙女。怨不得老祖宗天天口头心头，一时不忘。只可怜我这妹妹这样命苦，怎么姑妈偏就去世了。（阿谀奉承：真是一个活脱脱的"凤辣子"再世，八面玲珑。）	人物形象更加丰盈饱满，极具鲜明特色。

教学设计	教学增补
引导学生抓住关键词体会："携"（第一次见就如此亲昵，目的不一般）、"才"（第一次见就把林黛玉捧上了天）、"嫡亲"（外孙女是贾母女儿的女儿，嫡亲是贾母儿子的女儿。此话表面上看在夸林黛玉，其实还夸了旁边的迎春、探春等人，更夸了老祖宗——贾母，可谓巧舌如簧！）这马屁拍得恰到好处。（很了解贾母的心思，善于揣摩人心） 句子三：忙转悲为喜道："正是呢，我一见了妹妹。一心都在他身上了，又是喜欢，又是伤心，竟忘记了老祖宗，该打该打。" 其实这凤辣子是一心在老祖宗身上，句句话儿都说在了贾母的心坎上，怎么可能忘了老祖宗，谁能来试试这种见风使舵、瞬间变脸的感觉呢？（鼓励学生以读感悟，并及时予以点评） 句子四：又忙携黛玉之手，问：妹妹几岁了？可也上过学？现吃什么药？在这里不要想家。要什么吃的，什么玩的，只管告诉我。丫头老婆们不好了，也只管告诉我。 一连串的问题之后，王熙凤知道答案了吗？（不知道）那么这些问题其实就是虚情假意地装样子的假问。当然她更是为了炫耀自己至高无上的特权。 链接句子：一面又问婆子们："林姑娘的行李东西可搬进来了？带了几个人来？你们赶早打扫两间下房，让他们去歇歇。" （师读）你听后有什么感觉？跟上面的感觉如出一辙，虚情假意到家了，自我感觉好到家了。 句子五：他是我们这里有名的泼皮破落户儿，南省俗谓做辣子，你只叫她"凤辣子"就是了。 这凤辣子说话水平真是了得啊，句句话都中贾母的下怀，把老祖宗哄得心里甜滋滋的。你瞧，老祖宗贾母是这样说凤辣子的。什么意思你知道吗？字里行间感受到贾母对王熙凤的态度吗？我们由此也知道了，课题中的凤辣子加上引号是（特定称谓）。 细心的同学应该发现了，在这篇课文中的另一个人物林黛玉从头到尾没有一句话，只有（动作和心理），请你找出来，读一读，作者这样写意图何在？ 交流林黛玉的心理和动作描写意图。（鼓励学生深入思考，畅所欲言、直抒胸臆。）	采取多种形式的读： 例如，小老师展示读、师生合作读、男女生赛读、教师范读等。俗话说得好："读书百遍，其义自见。"学生收获颇丰。 引导学生联系上下文思考一个问题： 林黛玉从头到尾没有说一句话，只有她的动作和心理描写。作者意欲何为？（小组合作，研究探讨，教师适时启发引导，鼓励学生借助集体的智慧攻克难关。）

续 表

教学设计	教学增补
（四）第三板块：总结方法，课堂练笔，拓展延伸 1.作者极尽笔墨抓住凤辣子的外貌、言行来刻画她的形象，也不忘借贾母的语言和林黛玉的心理来烘托王熙凤的形象，这样的写法就是（正面描写和侧面描写相结合）。我想说王熙凤被读者评为"红楼梦"里的语言专家。其实真正的语言大师是"红楼梦"的作者——曹雪芹。他只用了五百多字就把凤辣子华贵、泼辣、善奉承、爱炫耀的特点淋漓尽致地展现在我们面前，让笔下的人物历久弥新，成为永恒的经典。	作者极尽笔墨抓住凤辣子的外貌、言行来刻画她的形象，也不忘借贾母的语言和林黛玉的心理来烘托王熙凤的形象，这样的写法就是正面描写和侧面描写相结合。鼓励学生在习作之中，尝试学以致用。
2.借黛玉之眼，打开红楼之窗。王熙凤的厉害绝不仅仅在课文中描写得这些这么简单。请同学们深入《红楼梦》里慢慢品味吧。	激发学生主动探究、深入阅读的兴趣。
3.作业实战演练。 A.课堂小练笔：猜猜他（她）是谁？（抓住本班人物特点：语言、外貌、神态、动作、肖像等，选择身边熟悉的人写一写，请同学们猜一猜是谁。） B.家庭作业：①基础类：课外阅读写人的文章或书，摘抄描写人物的精彩片段，并写出自己的感悟。②拓展提高类：借助本文人物描写学习方法，利用思维导图形式将《水浒传》中典型人物特点呈现出来。（做好文字分析对比）	课堂实战演练和家庭分层作业的设计，关注到了全体学生的认知水平和语文素养的落地，鼓励学生举一反三、触类旁通。从而达到学以致用的目的。
附：《"凤辣子"初见林黛玉》预习作业单 1.了解《红楼梦》以及作者的相关资料。 《红楼梦》是（　）朝小说家（　）写的恢宏巨作。作品以（　）和（　）的爱情悲剧为线索，展现了封建王朝（　）（　）（　）（　）四大家族的兴衰史。	设计课前预习清单，就是鼓励学生课余时间海量阅读并做好知识储备，帮助学生认真梳理文章脉络，
2.正确流利地朗读课文，读准字音，将画"＿"的生字注音，读不通的地方要多读几遍。遇到不理解的生词可通过查字典或联系上下文理解，实在不理解的做好标注，小组讨论。 敛声屏（　）气　恭肃严整　放诞无礼　攒（　）珠髻 赤金盘螭（　）　　　璎珞圈　豆绿宫绦（　） 缕（　）金　窄褃（　）袄　身量（　） 打量（　）　风骚　嫡亲　纳罕 来者系（　）谁　裙边系（　）着	夯实基础知识，同时落实、落细语文核心素养，激发学生主动探究的学习内驱力，提高学生阅读与鉴赏能力。
3.王熙凤具有怎样的性格特点呢？请同学们再认真读课文，画出描写语言、外貌、动作的句子，仔细体会人物的性格特点。 4.课外阅读《红楼梦》有关章节，进一步感受不同人物的鲜活特征。	

【板书设计】

人物描写一组

"凤辣子"初见林黛玉

外貌

言行　　正面描写

心理　　侧面描写

【作业布置】

A. 课堂小练笔：猜猜他（她）是谁？（抓住本班人物特点：语言、外貌、神态、动作、肖像等，选择身边熟悉的人写一写，请同学们猜一猜是谁。）

B. 家庭作业：

① 基础作业：课外阅读写人的文章或书，摘抄描写人物的精彩片段，并写出自己的感悟。

② 拓展作业：借助本文人物描写学习方法，利用思维导图形式将《水浒传》中典型人物特点呈现出来。（做好文字分析对比。）

【教学反思】

我首先通过兴趣谈话、猜谜导入的方式，迅速调动学生主动参与、勇于表达的学习积极性。开门见山，直抒胸臆，点明本课重点。通过检查课前预习，了解学情并与学生一起走进古典名著《红楼梦》的经典片段《"凤辣子"初见林黛玉》中，认识王熙凤这个生动多面、魅力十足的女性。本课时我设计了三大板块：第一板块，厘清人物关系，疏通字词，初步感知人物形象。第二板块，品读人物描写，欣赏视频，体会人物特点。第三板块，总结方法，课堂练笔，拓展延伸。本文重点描写的是林黛玉初进大观园与众人相见的过程，通过特写与"凤辣子"王熙凤的见面经过，向读者展示了一个泼辣张狂、口齿伶俐、善于阿谀奉承、见风使舵、喜欢使权弄势、炫耀特权和地位的人物形象。作者极尽笔墨抓住凤辣子的外貌、言行来刻画她的形象，也不忘借贾母的语言和黛玉的心理来烘托王熙凤的形象，这样的写法就是正面描写和侧面描写相结合，使人物形象丰盈饱满、极具鲜明特色。鼓励学生在习作之中，尝试举一反

三、学以致用。

　　通过本课的学习，激发学生阅读《红楼梦》的兴趣，鼓励学生勇于尝试读原著，感受中华优秀传统文化魅力所在，自主做中华优秀传统文化的继承者和发扬者，学生学习热情高涨，达到预期教学效果。

（新疆生产建设兵团第十师北屯中学林海霞撰）

《升国旗》教学设计

【课程要求】

识字教学要注意儿童心理特点，将学生熟识的语言因素作为主要材料，结合学生的生活经验，引导他们利用各种机会主动识字，力求识用结合。为此，在本课设计中，注重识字能力的培养，采用多种教学策略，开发、利用生活和社会的教育资源，构建生活课堂，创造性地开展各类活动，引导学生自主识字，提高识字量。低年级儿童活泼好动，要以形象思维为主，针对这些年龄特征，教学中适当运用音乐、图片、视频、歌唱等多种形式来激发学生的兴趣。

【教材分析】

通过升旗全过程的学习，让学生知道国旗、会唱国歌、创设生动的情境，激发学生的学习欲望，激起学生的爱国情感。

【教学目标】

1. 认识"升、国、旗"等11个生字。
2. 认识"口、纟"2个偏旁。
3. 学会用"多么"来形容一些词语。

【教学重点】

会认、会读生字，学会用"多么"来形容一些词语。

【教学难点】

如何体现升旗场面的人、景、物。

【教学课时】

2课时。

【教学准备】

课件。

【教材过程】

教学设计	教学增补
第一课时	授课人根据学情、班情再备课
（一）目标解读，以标导航	
1.认读生字，朗读课文。	
2.学会组词，学会用"多么"来形容一些词语。	
3.小朋友们，世界上有很多国家，你们知道我们的祖国叫什么名字吗？（中国）有一种旗帜，它代表了我们的祖国，无论走到哪里，只要一看见它，就能让人想起中国。你们能在这些旗帜中找到它吗？	
（二）预习检测，以测促学	
1.学生自由阅读课文，标出不认识的、难读的字，借助拼音把它们多读几遍。	
2.教师纠正学生的错误读音。	
3.教师范读课文。	
（三）探究新知，合作交流	
课件出示：五星红旗，我们的国旗。	
1.闪动"国旗"，指名读，用开火车方式读。	
2.闪动"我们"，指名读，用开火车方式读。	
3.中间的"的"字谁来读？注意："的"没有声调，是轻声。教师指导。	
4.指导朗读："五星红旗"要读得清楚响亮，看到逗号要停顿，"我们"和"国旗"读时都要重读。教师示范读，学生跟读，加动作读。	第一组：起立（感受组词的规律，起放在前面或者后面不同的位置，组成不同的词语，有不同的意思，从而感受语言的丰富性）

教学设计	教学增补
5. 从这句话中你们读懂了什么？五星红旗是我们的国旗，它代表了我们伟大的祖国。	
（四）有效检测，以练达标	引导学生用"起"字组词（起床、起来、一起等，同时点点"起"的位置）
1. 在升国旗时，我们还能听到什么？（国歌）在国歌声中，国旗是如何升起的？（徐徐升起）学生自由读第二句话。	
2. 看，五星红旗升得多高啊！飘扬在祖国的蓝天上，多么美丽，多么让人激动啊！你们还会用"多么"来说一说吗？（多么干净、多么可爱、多么好听）	第二组：多么　我们向着　望着（引导学生读好轻声词）
	第三组：国旗　国歌　升国旗　唱国歌
3. 当五星红旗在"国歌声中，徐徐升起"的时候，我们小朋友是怎么做的？（出示词语：立正、敬礼）	第四组：中国祖国
（1）认读。问：哪个字的音我们要特别注意？用开火车方式读。	师问：我们的祖国叫什么名字？（中国）出示句子：我们的祖国是中国（引导学生读读，这句话还可以反过来说）出示句子：中国是我们的祖国（引导学生把两句话读读，体会语言的妙用。）
（2）小朋友们知道我们为什么要立正，向国旗敬礼吗？（指名学生回答）	
4. 教师再范读一次，学生齐读，男女比赛读，加上动作，表演读。	
（五）师生互动，总结拓展	第五组：国旗　五星红旗
学习了今天的课文，我们知道，五星红旗是（我们的国歌），在国歌声中，（徐徐升起），升国旗时，我们要（立正，敬礼）。	（引导学生读读，接着让他们模仿刚才的句式说一说，要求学生把句子说完整。）
（六）堂堂清作业：描红书写	
（七）布置作业，巩固提高	品悟课文
1. 回家认读生字。	
2. 朗读课文。	
第二课时	1. 开火车分行读课文，要求读得正确流利。
（一）目标解读，以标导航	（评价语：①正确流利，声音响亮；②你读得这么好，大家都在认真地听；③没关系，课文才学，老师相信你课后多读几遍后也一定能够读正确、流利。）
认识"口、纟"2个偏旁，会写生字。	
感受升旗场面的人、景、物，激发学生热爱祖国的情感。	
（二）预习检测，以测促学	
1. 课件展示生字，学生认读：升、国、旗、歌、起、么、美、丽、中、红、立。	

续 表

教学设计	教学增补
2. 学生齐读课文，读出对国旗敬仰和对祖国的热爱。 （三）探究新知，合作交流 我们每周一都有升旗仪式，那么同学们知道升国旗时怎么做吗？ 观看天安门升旗仪式视频，请仔细观察与我们每周一的升旗仪式有什么不同。（天安门升旗仪式严格按照日出时间，我们平时的升旗仪式有时间限制，所以不一样；天安门升旗仪式很庄严，国旗手的姿势十分标准） 模拟天安门升旗仪式：现在我们来参加天安门的升旗仪式，好不好？全体起立！立正！敬礼！升国旗，奏国歌。礼毕，坐下。 多么庄严，多么神圣的升旗仪式啊！相信在以后的升旗仪式中，每个小朋友都能像刚才一样严肃、认真。 （四）有效检测，以练达标 1. 教师指导学生学习"囗、纟"2个部首，生试读并讨论部首读法及书写注意事项。师指导学生部首怎么读，田字格中怎么书写。 2. 教师出示卡片：中、五、立、正，学生认读，并观察字形。 3. 教师指导书写。 （1）学生再读生字，观察字形。 （2）教师指导学生书写：教师范写，说明书写要领，生摹写并练习。 （五）师生互动，总结拓展 1. 请生描述某一次升国旗仪式并说一说当时心情。 2. 请生想象未来在天安门升国旗时的场景。 （六）堂堂清作业：描红书写 （七）布置作业，巩固提高 1. 书写今天所学生字。 2. 背诵课文。	2. 齐读课文。 过渡：课文读起来很简单，但你是否真的读懂了呢？老师有几个问题要考考大家。 3. 升国旗时我们该怎样？ 预设1： 我们立正出示句子：向着国旗，我们立正。（开读，读准后鼻音"正"） 预设2：我们敬礼 出示句子：望着国旗，我们敬礼。（开读，读准后免音"敬"） 儿歌中是用了哪一个词语，也是看的意思？（望着）出示句子：望着国旗，我们谢礼。 4. 国旗是怎样升起的？ （预设：慢慢地升起）文中是用了哪个词？（徐，徐就是慢，因此在读这句话时要读得精微慢一些，指名读，师范读，开火车读。） 5. 播放升国旗的视频。 6. 出示卡片。 读准"迎风"二字，指名读，师范读，学生齐读。 7. 要求学生捧起书本，再读儿歌（师生对读） 8. 尝试背诵。

【板书设计】

升国旗

五星红旗　国歌　升起　多么　美丽　立正

【作业布置】

基础作业：书写所学生字。

拓展作业：用喜欢的方式背诵课文或者为课文配一幅插图。

【教学反思】

中国的汉字非常有意思，很多是由两个字合起来的，本篇课文就根据汉字构字规律所编写的一首非常有趣的儿歌，读起来朗朗上口。在教学设计中，我们必须彻底摒弃单调的认读、烦琐的分析，巧妙地借助教材这一载体，精心设计多种语文实践活动，让学生在朗读中自主识字，在活动中提高语文素养。

（1）创设情境，愉悦识字。识字写字的要求是喜欢学习汉字，有主动识字的愿望，因此，低年级的语文教学要力求做到入情入境，牢牢抓住学生的年龄特征，调动其学习的积极性。在实际教学中，我通过看图、游戏等一系列识字活动，让学生在宽松、自然的状态下进入情境，进入课文，去发现构字规律，掌握汉字结构，从而感悟汉字文化，积累语言文字。

（2）以读为本，读中感悟。阅读是一种个性化的行为，不应以教师的分析代替学生的阅读实践。教学中，我让学生直接面对文本，主动地去读，读准生字、读通课文、读懂意思；兴致勃勃地去读，读出情感。以达到在多种形式的反复朗读中认识汉字，在主动积极的思维和情感活动中加深理解和体验，有所感悟和思考，获得思想启迪，享受审美乐趣。

（3）小组交流，合作探究。学生是学习和发展的主体，语文教学必须根据学生身心发展的特点，关注学生的个体差异和不同的学习需求，爱护学生的好奇心、求知欲，充分激发学生的主动意识和进取精神，倡导自主、合作、探究的学习方式。课堂上，我把学习的主动权交给学生，让他们以独立或随机组合的方式组成学习小组，选择自己已经知道或者含混不清的一些生字的意思，和小伙伴进行交流，形成人人争当小老师的局面。这样，同学之间互帮互学，深

91

化了对知识的认识；大胆交流，提高了交往能力。他们的团体合作意识被调动起来了，从而充分体验合作的愉快。

（4）提炼生活，仿作创新。提炼生活，想象模仿，是实现学生与文本对话的保证。教学《日月明》之前，我引导学生当一回"小小调查员"，通过电脑、电视、画报、儿歌等多种途径去了解汉字的特点，让他们在学习课文之前，就对课文内容有个初步了解，巧妙地架设起文本与生活的桥梁。在教学《日月明》时，我以课文为凭借，由浅入深地创设情境，引导学生运用已有的识字经验，模仿课文中的句式，进行语文训练，培养学生语言表达的能力，丰富了学生对诗歌的理解，开启了学生的思维和想象。灵活地处理教材，能较好地拓展语文教学的空间，有利于让学生在广阔的生活中学语文。从某种意义上来说，这也是在努力实践着让学生与文本进行深层次的对话，也是对学生创新能力的培养。

（新疆生产建设兵团第十师一八八团第二中学汪雪撰）

《梅花魂》教学设计

【课程要求】

在语文学习过程中，培养爱国主义感情、社会主义思想道德和健康的审美情趣，发展个性，培养合作精神，逐步形成积极的人生态度和正确的价值观。

在阅读中揣摩文章的表达顺序，体会作者的思想感情，初步领悟文章基本的表达方法。在交流和讨论中，勇于提出自己的看法，做出自己的判断。

【教材分析】

《梅花魂》是部编版五年级语文下册第一单元第4篇课文。该单元虽然体裁不同，但都表达了古今中外不同人物的爱国之情。本单元重点训练的是"前后照应，首尾连贯"，与前一组"分清事物的前因后果"紧密联系。但是本单元又侧重于从训练作文的角度提出，因此，不仅要让学生明白课文是怎样做到"前后照应，首尾连贯"的，还要在今后的作文写作中注意应用。《梅花魂》是一篇对学生进行爱国主义教育的好教材，是一篇以叙事为主的文章。文章讲的是，"我"的外祖父是一位华侨老人，他十分喜爱墨梅图，在回国之际把墨梅图和绣着血色的梅花手绢郑重地交给我，让我好好保存的往事。文章通过赞美梅花来赞美像梅花一样有气节的中国人，寄托了老人对祖国深深的眷恋之情。

【教学目标】

1. 认识并掌握生字，读写、积累新词。

2. 了解课文"前后照应、首尾连贯"的特点，能正确、流利、有感情地通读全文。

3.理清课文脉络，概括主要事件。

4.理解梅花品格及梅花魂的含义，体会华侨老人爱梅爱国的思想感情。

【教学重点】

体会梅花的品格及梅花魂的深刻含义。

【教学难点】

理解华侨老人爱梅花，并在爱梅花中寄托的深刻爱国感情。

【教学课时】

1课时。

【教学准备】

课件。

【教学过程】

教学设计	教学增补
第一课时 （一）借描写梅花的诗词，初步体会课题的含义 导入新课：梅花历来为文人墨客所钟爱，有关梅花的诗词文章不胜枚举。你能想起哪些呢？	授课人根据学情、班情再备课
教师点拨：在中国人的心中，梅花早已不是一株简单的植物，而是一种精神、一种人格的象征。这篇文章的题目《梅花魂》是什么意思呢？（板书：梅花魂） 预设："魂"是指崇高的精神。"梅花魂"就是梅花崇高的精神。	预设1：王安石的《梅花》：墙角数枝梅，凌寒独自开。遥知不是雪，为有暗香来。
教师引导：这节课，我们就走进作家陈慧瑛的文章，去探索梅花有哪些精神。首先我们来了解作者陈慧瑛。谁能给大家读一读作者介绍？	预设2：王冕的《墨梅》：我家洗砚池头树，朵朵花开淡墨痕。不要人夸颜色好，只留清气满乾坤。

教学设计	教学增补
（二）初读课文，理清文章脉络，学习生字词 1.理清文章脉络 提出要求：默读课文，注意读准字音，读通句子。并思考：作者按时间顺序描写了外祖父的哪几件事？边读边圈画出重点词句并进行批注。全班交流。 预设： ①外祖父常常教"我"读唐诗宋词，还常流眼泪。可以概括为教诗词落泪。 ②外祖父对墨梅图分外珍惜，"我"不小心弄脏，他大发脾气。可以概括为珍爱墨梅图。 ③外祖父因不能回国而难过得哭了。可以概括为难归而痛哭。 ④外祖父将最宝贵的墨梅图送给了"我"。可以概括为赠予墨梅图。 ⑤分别那天，外祖父又把绣着血色梅花图案的手绢送给"我"。可以概括为送梅花手绢。 教师总结：课文共讲了外祖父的五件事情。（板书：教诗词落泪、珍爱墨梅图、难归而痛哭、赠予墨梅图、送梅花手绢） 2.学习生字词 提出要求：请你给自己的同桌读一读课件上的生词，相互纠正错误。 教师提问：这些字词，你了解哪一个，请你当小老师给大家讲一讲。 （三）深入感知，体会外祖父的思想感情 教师提问：从与外祖父有关的5件事中，你体会到了怎样的感情？是从哪些地方体会到的？请再次默读课文，圈画关键词句并进行批注。 学生活动：自主思考完毕后，在小组内进行交流，互通有无，最后请个别小组代表在全班发言。 第一种情况：学生按照文章脉络回答。 1.珍爱墨梅图 预设1："外祖父家中有不少古玩，我偶尔摆弄，老人也不甚在意。唯独书房里那一幅老干虬枝的墨梅图，他分外爱惜，家人碰也碰不得。"偶尔摆弄古玩，老人也不甚在意和分外爱惜墨梅图，家人碰也碰不得形成了鲜明的对比，表现了老人对梅花图的珍爱。	预设3：陆游的《卜算子·咏梅》：无意苦争春，一任群芳妒。零落成泥碾作尘，只有香如故。 预设4：毛泽东的《卜算子·咏梅》：风雨送春归，飞雪迎春到。已是悬崖百丈冰，犹有花枝俏。俏也不争春，只把春来报。待到山花烂漫时，她在丛中笑。 预设1："玷污"的意思是弄脏，使有污点。 预设2：老干虬枝："虬"qiú，这个字不太常见，读阳平，"虬"是指古代传说中有角的小龙，也叫虬龙。"虬枝"在这里的意思是盘屈的树枝。"老干"的意思是年岁大的枝干。 预设3：秉性：天性、本性。比如：老张这个人秉性淳朴，为人厚道。 预设4：眷恋：（对自己喜爱的人或地方）深切地留恋，如外祖父深深地眷恋着祖国。

教学设计	教学增补
预设2：通过老人的语言"孩子要管教好，这洁白的梅花，是能玷污的吗？"这句话中能体会他对墨梅图的珍爱。外祖父对"我"十分疼爱，小时候常常抱着我不厌其烦地教我读唐诗宋词，而这次仅仅因为我弄脏了墨梅图便训斥母亲要好好管教我，从前后态度的对比中我们感受到外祖父对墨梅图分外爱惜。 预设3：通过老人的行动"训罢，便用刀片轻轻刮去污迹，又用细绸子慢慢抹净。""轻轻、慢慢"这两个叠词，形象地表现了外祖父擦拭墨梅图时的小心翼翼，充分表现出他对墨梅图的爱惜之情。 教师追问：慈祥的外祖父因为墨梅图被我弄脏了而大发脾气，还训斥道："这清白的梅花，是能玷污的吗？"在外祖父的心里：清白的梅花为什么不能玷污？外祖父为何如此珍爱"墨梅图"？如此喜爱梅花？从课文的哪些语句中可以找到答案？ 预设1：梅花和别的花生长环境不一样。旁的花，天气冷了，也就纷纷凋落了。梅花愈是寒冷，愈是风欺雪压，花开得愈精神，愈秀气。从这我们能感受到作者对梅花不畏严寒、凌寒独放精神的赞美。 预设2：梅花是最有品格、最有灵魂、最有骨气的。梅花这种傲霜斗雪的秉性，像极了中华民族很多有气节的人物，他们无论受到怎样的欺凌，从来都是顶天立地，不肯低头折节。 教师点拨：你知道中国历史上有哪些具有像梅花一样秉性的人物呢？ 教师小结：梅花的这种铮铮傲骨，镌刻在中华民族的灵魂里、血脉里，代代相传，越遇风雪和磨难，越发精神，这就是傲骨梅花成为中国名花的原因。在这段话中，作者运用的是借物喻人的写作手法。表面上是在赞颂梅花，实际上是在赞颂中华民族顶天立地的精神和不肯低头折节的气节。从"一个中国人，无论在怎样的境遇里，总要有梅花的秉性才好！"一句中你感受到什么？ 预设：这句话表达了外祖父对民族精神的坚守，也道出了外祖父把墨梅图送给外孙女的目的——让外孙女保持这种顶天立地、不肯低头折节的秉性和气节。 教师点拨：读了外祖父的这段话，你对课文的题目是不是有了更加深入的认识？	预设： ①"人生自古谁无死，留取丹心照汗青"的抗元英雄文天祥。 ②"粉身碎骨浑不怕，要留清白在人间"的千古名臣于谦。 ③"砍头不要紧，只要主义真"的共产党员。 ④扑向火海的消防战士。 ⑤奋斗在抗疫第一线的医护人员。

教学设计	教学增补
教师总结：在外祖父心中，梅花就是祖国的象征，他把自己的爱国情怀寄托在梅花身上。虽然身在异国他乡，但身为中国人的气节没有变，对祖国的爱没有变。请你再次读一读外祖父的话，去感受中华民族铮铮不屈的傲骨与顶天立地的精神。（板书：坚守民族精神） 2. 三次落泪 预设：从外祖父教我念表达思乡之情的诗词时而落泪这件事中，可以看到这些诗词勾起了他对祖国的思念和漂泊他乡的愁绪，感受到了他对祖国的眷恋。（板书：眷恋祖国） 教师追问：除了教诗词时落泪，本文还描写了祖父的另两次落泪分别是什么时候？ 预设1：因为无法回国而像小孩子一样，呜呜呜地哭了起来。 预设2：还有一次是送我梅花手绢时"眼含泪水"。 再次追问：这三次落泪有什么共同之处吗？请你读一读这些段落，感受其中蕴含的感情。 预设：这三次落泪都是因为外祖父思念祖国。 3. 送梅花手绢 教师引导："想不到眼含泪水的外祖父也随着上了船，递给我一块手绢——雪白的细亚麻布上绣着血色的梅花。"眼含泪水的外祖父让"我"带回的只是一块手绢吗？ 预设：外祖父让"我"带回的不只是一块手绢，更是自己对祖国的一片眷恋之心，他希望通过这样的方式了却自己回归祖国的心愿。 教师小结：文中的三次哭充分表现了一位华侨老人对回国返乡的渴望，反映了他对祖国深深的眷恋，也表露了一位华侨老人至死不变的中国心。 请你再次思考，作者为什么要用"梅花魂"作题目呢？ 预设："梅花魂"既表现了梅花不畏冰雪、凌寒怒放的精神，又表现出漂泊海外的外祖父的爱国之情，更写出了中国人坚毅不屈的民族精神。 教师引导：请你再次走进课文，在朗读中去体味外祖父那铮铮的傲骨和浓浓的爱国情吧。 （四）拓展阅读 下课后请大家查阅资料，搜索更多关于梅花的古诗词并整理在积累本上。	预设：《梅花魂》中的魂，在这里指精神。梅花魂，即梅花的精神。梅花的精神就是那种"不管历经多少磨难，受到怎样的欺凌，从来都是顶天立地，不肯低头折节"的精神，这也正是中华民族的民族精神。

【板书设计】

梅花魂
- 教诗词落泪
- 珍爱墨梅图 ── 坚守民族精神
- 难归而痛哭
- 赠予墨梅图 ── 眷恋祖国
- 送梅花手绢

【作业布置】

A类：熟读课文，抄写意义深刻的句子。

B类：下课后请大家查阅资料，搜索更多关于梅花的古诗词，并整理在积累本上。目的是让学生在阅读中养成积累的好习惯，进一步激发学生阅读经典诗词的兴趣。

【教学反思】

《梅花魂》这篇课文的教学重点是引导学生领会梅花魂的本质含义，体会外祖父的爱国思乡之情。在教学中，我先让学生说说你自己读懂了什么，自己的感受是什么。然后抓住"有气节的人物"进行拓展，说说自己知道的中国历史上有气节的人物。课上，充分调动了学生已有的知识储备，谈了一些可歌可泣的英雄事迹。

我再根据学生的交流，适时补充我课前收集的资料，如宋代的文天祥、抗金名将岳飞等，这一环节叩开了学生的心扉，使学生透过文章的字字句句感受到了作者那起伏的情思，领会了"魂"是祖国的象征，是民族精神的象征，是千千万万中华子孙的"魂"。

使学生课上得到朗读能"情动于中而形于外"，效果尚可。语文课程应拓宽语文学习和运用的领域，初步获得现代社会所需要的语文实践能力。课后，学生沉浸在求知的氛围中，主动向我提出了许多问题，学生课后的那份高涨的学习热情，那份敢于表达自己思想的勇气，让我感到这堂课很成功。学生主动学习，师生共进，教学相长。你会发现许多意想不到的惊喜。

因此，教师要充满激情，用饱满的真挚的情感唤起学生的热情、激情，从而产生对梅花魂的理解，体会华侨的爱国之情。

（新疆生产建设兵团第十师北屯中学王玉兰撰）

《为中华之崛起而读书》教学设计

【课程要求】

在阅读方面，能够用普通话正确、流利、有感情地朗读课文。能够联系上下文，理解词句的意思，或是借助字典、词典和生活积累，理解生词的意义。能够初步把握文章的主要内容，体会文章所表达的思想感情。在阅读中学会积累课文中的好词好句。在口语交际方面，可以让学生谈谈自己读文的感受，交流自己读书是为了什么，做到讲述时清楚明白，并学会认真倾听。

【教材分析】

《为中华之崛起而读书》是部编版第七册第七组的一篇精读课文，写的是周恩来少年时代的一件事。他耳闻目睹了中国人在外国租界里受洋人欺凌却无处说理的事情。从中深刻体会到伯父说的"中华不振"的含义，从而立下志向要为振兴中华而读书，表现了少年周恩来的博大胸襟和远大志向。

【教学目标】

1.正确、流利、有感情地朗读课文。

2.理清课文线索，深刻体会文中人物的思想感情。

3. 了解当时的社会背景，深刻体会少年周恩来立志的原因，并联系实际，思考自己读书的目的。

【教学重点】

在阅读中体会人物的思想感情，激发学生从小树立远大理想和热爱祖国的思想感情。

【教学难点】

了解当时的社会背景，深刻体会少年周恩来立志的原因，并联系实际，思考自己读书的目的。

【教学课时】

1课时。

【教学准备】

学生：了解课文的时代背景，预习课文，熟读课文。
教师：多媒体课件。

【教学过程】

（一）聊聊"我的志向"，导入新课

（1）今天老师能为同学们上课很高兴，老师想更多地了解你们，和你们做朋友，你们愿意和老师交朋友吗？请看这个"志"字，上"士"下"心"。在中华民族的传统中，具有一定身份地位的，或是有一定知识技能的人才能称为"士"。而"志"就是"士"经过用"心"的思考立下的志向。你们愿意告诉老师你从小立下的志向吗？

（2）同学们真棒，小小年纪就有远大志向。我国伟大的无产阶级政治家、军事家、外交家，新中国成立后第一位总理周恩来，在他12岁的时候，也曾经思考了这样的问题，树立了一个远大的理想：为中华之崛起而读书。今天，就让我们一起学习少年周恩来的立志故事。

（3）板书课题，生读课题。

（4）解题。中华：指中国。崛起：指兴起。题目的意思就是为了中国的兴起而读书。

（二）初读课文，理清课文线索

（1）读了课题，你有什么不解或疑问吗？

（2）你很善于提问，一下就问到了点子上，你关心的问题也是我们这节课要解决的重点。答案都在课文里。下面请同学们用自己喜欢的方式去读读课文。

（3）出示读书要求：①读准字音，读顺课文，碰到难读的词或句子多读几遍。②周恩来为什么要立下"为中华之崛起而读书"的志向？

（三）扫雷，认读生字词

（1）检测字词。

（2）现在谁能解决刚才的疑惑？为什么周恩来要立志为中华之崛起而读书？

（3）你能用文中的一个词语来回答，真好！正是因为"中华不振"，所以周恩来立下了要为中华之崛起而读书的志向。（师板书：中华不振）

（四）精读课文，感悟"中华不振"

（1）再读课文。

下面老师请同学们再来仔细读课文，那么在同学读书时你该怎么做？（认真听，动脑思考、拿上笔做好批注）同学们不仅要认真听，还要认真思考哪些地方能读出"中华不振"，用笔画一画，挑你感受特别深的地方读给大家听。

（教师随机板书一个"掘"，学生轮流读，教师指导。）

（2）学生交流感受最深的词句，教师相机点拨，学生进一步感受"中华不振"。

（3）重点解读。整篇文章的字字句句都能让我们感受到"中华不振"啊！老师刚才看到很多同学把一个自然段全部勾画了下来，是哪个自然段？那么我们就把目光投向第8自然段，看看租界里发生的那一幕。（出示第8自然段）

①教师朗读，学生体会。

②指名朗读，读出感受。

③导读激情，升华情感。

（五）感悟立志，拓展延伸

（1）租界地里的这一幕，让少年周恩来真正体会到中华不振，从租界回来以后，周恩来常常一个人在沉思，他在想些什么呢？请你把这些想法写下来。

（师在板书上加一个"起"，生伴随着激扬悲愤的乐曲写话，师巡视。）

（2）12岁那年的沉思，决定了周恩来一生的道路。在修身课上听见魏校长问同学们"为什么而读书"，其他同学都为什么读书？

（3）这时，周恩来站了起来，说什么？

（4）同学们，正是因为有了像周恩来这样的一大批伟人、名人，他们从小立志读书，实现了中华民族的繁荣富强。在今天的社会，面对新的国际竞争，我们虽然取得了巨大的成就，但离发达国家还有很大的差距，我们应该立下怎样的志向呢？

（5）同学们说得太好了，不管是你的远大的理想，还是近期的目标，老师都希望你能实现。

【板书设计】

22. 为中华之崛起而读书

中华

崛起

【作业布置】

基础性作业：

1. 在加点字正确读音的括号里打"√"。

崛（jué qū）起　　　　　模范（fà fàn）　　　　　淮（hái huái）安

2. 根据拼音填字组词。

严sù（　　）　　　　　清xī（　　）　　　　　zàn（　　）叹

xiōng（　　）怀　　　　　屈rǔ（　　）　　　　　疑huò（　　）

3. 加点字读音完全正确的一组词语是（　　　　）。

A. 崛起（jué）　　　　　沈阳（sěn）

B. 示范（fàn）　　　　　淮阳（wéi）

C. 魏国（wèi）　　　　　训斥（chì）

D. 门楣（mèi）　　　　　肇事（zhào）

4. 把下面的词语补充完整，再选择合适的词语填空。

若有（　　）（　　）　为之（　　）（　　）　（　　）（　　）忘怀

（　　）（　　）不解　热闹（　　）（　　）　（　　）（　　）右盼

（1）小明上课没有养成好习惯，上课总是（　　　　）。

（2）对她莫名其妙的行为，我（　　　　）。

提升选做题：（4选2）

1.下列句子中画线的词语理解错误的一项是（　　　　）。

A.中国巡警不但不惩处<u>肇事</u>的洋人，反而训斥她。（引起事故；闹事。）

B.正当周恩来和同学<u>左顾右盼</u>时，忽然发现巡警局门前围着一群人。（向左右两边看）

C.此时的周恩来才真正体会到"中华<u>不振</u>"这四个字的沉重分量。（振作）

2.选词填空。

（1）在沈阳租界，中国巡警面对洋人的汽车轧死中国人的现象，不但不惩处肇事的洋人，反而＿＿＿＿＿＿＿＿（A.训骂　B.斥责　C.训斥）死者的家属。

（2）大家只能＿＿＿＿＿＿＿（A.劝告　B.劝慰　C.安慰）那个不幸的女人。

（3）怎么把祖国和人民从苦难和屈辱中＿＿＿＿＿＿＿（A.解救　B.拯救　C.解脱）。

3.课文题目的特点是：

A.以人物的名字命题

B.以文章的主要内容命题

C.以人物的语言命题

4.句子训练营。

（1）在外国租界里，谁又敢怎么样呢？（改为陈述句）

_____

（2）这个女人的亲人被洋人的汽车轧死了。（变为"把"字句）

_____

【教学反思】

《为中华之崛起而读书》这篇课文写的是周恩来少年时代的一件事，他耳闻目睹了中国人在外国租界里受洋人欺凌却无处说理的事情，从中深刻体会到伯父说的"中华不振"的含义，从而立志要为振兴中华而读书，表现了周恩来的博大胸襟和远大志向。

根据本课学习目标，我把学生的自主探究与教师的适时引导有机结合，把知识点通过各种方式展现在学生面前，使教学过程零而不散，教学活动多而不乱，学生在轻松愉悦的氛围中学习知识，拓宽视野。本节课的成功之处如下：

（一）结合学习内容，确定指点路径，引导课外延伸

语文的学习过程是学生自主、自求、自悟、自得的过程，这个过程就是学生主动学的过程，课堂教学的着眼点应该是指导学生学，这样学生才会学，那么课堂上教师就应少讲。按照叶圣陶先生的说法，是讲学生读不懂的或体会不深的地方，即指点路径，引导课外延伸扩展。正所谓"课内打基础，课外求发展"，所以像本课这类传统题材的课文由于叙述故事内容远离现代儿童的生活时代，就需要我们花时间给学生提供相关资料，用简短的文字延伸学生对课文的理解，让学生从中了解周恩来少年立志的原因，领悟树立为国家繁荣和民族振兴而刻苦学习的远大理想。因此，我想到了多读书、读好书的必要性。

（二）结合学生认知，注重情感教育

拓展本文，直面历史与现状，引导学生立报国之志，若仅限对"中华不振"的理解，仅限对周恩来少年立志而钦佩，那么本文的教学目的尚未达到，让学生从心底深处唤起民族意识，在行动中努力落实，才能真正达到目标。所以让学生将课文内容与现实结合起来，并通过谈读书的目的，激发学生报国之情，在幼小的心灵中根植民族情感。

（三）通过自主学习合作，提高学习能力

四年级学生在学习语文方面，已经具有一定的独立识字的能力，在学习方法上也有了一定的积淀，他们能够自主、探究地进行语文学习。结合学生的阅读心理，加强语文阅读能力的培养，注意培养学生的动手、动脑能力，使课内外语文学习紧密联系，才能拓宽语文学习的渠道。

（第十二师三坪学校侯东梅撰）

《ɑi ei ui》教学设计

【课程要求】

学会汉语拼音；能读准声母、韵母、声调和整体认读音节；能准确地拼读音节，正确书写声母、韵母和音节；认识大写字母，熟记《汉语拼音字母表》。

【教材分析】

《ɑi ei ui》是拼音教学中学习复韵母的第一课，我在本课的设计中，除了让学生读准音，纠正学生以前的不正确读法外，还安排了声母和复韵母的拼读音节的练习。在教学中，我从学生的实际出发，从学情出发，循序渐进，螺旋式上升，落实知识点，化解难点。

【教学目标】

1.会读复韵母ɑi、ei、ui及其四声，读准音、认清形，正确书写。
2.掌握ɑi、ei、ui标调的方法。

【教学重点】

会读复韵母ɑi、ei、ui及其四声，读准音、认清形，正确书写。

【教学难点】

1.引导观察，教给方法，正确认读、识记复韵母。
2.鼓励自学，独立阅读，互动交流提高阅读与识字的能力。

【教学课时】

第一课时。

【教学准备】

课件。

【教学过程】

教学设计	教学增补
（一）创设情境，复习引入 1. 激发兴趣 同学们，拼音王国的国王知道我们的拼音学得很好就送来了新鲜的瓜果蔬菜。你们瞧，她们身上都带着名片呢，让我们一起大声喊出她们的名字吧。（a o e i u ü） 师：这6个字母还有一个好听的名字，叫作单韵母。 2. 揭题 师：这6个单韵母聚在一起可了不起了，两个单韵母结合而成的韵母被称为复韵母。今天我们就将去认识这三位新朋友。 （ai ei ui） （二）合作探究，学习新知 1. 学习ai 师：同学们，瞧图片上的小朋友们挨挨挤挤站在一起，我们的单韵母a和单韵母i紧挨在一起就是新的韵母ai。请同学们注意观察老师是如何发音的，读ai时，先发a的音，定准口型然后慢慢滑向i的发音，口型也慢慢地变化，气流不中断读时要轻快。（ai-ai-ai） 师：请你跟我读： āi āi āi 一声āi 我们紧紧挨一起 ái ái ái 二声ái 白雪皑皑寒冬到 ǎi ǎi ǎi 三声ǎi 我和妹妹比高矮 ài ài ài 四声ài 我爱家乡我爱祖国 2. 学习ei 师：同学们，ei就是拼音国王给我们带来的第二位新朋友。我们也用一句话来记住它：干活用劲ei ei ei。同学们瞧图片上的	授课人根据学情、班情再备课 请同学们跟老师读āi ái ǎi，利用儿歌提升学习热情。

教学设计	教学增补
我们的单韵母e和单韵母i紧挨在一起就是新的韵母ei。请同学们注意观察老师是如何发音的，读ei时，先发e的音，定准口型然后慢慢滑向i的发音，口型也慢慢地变化，气流不中断嘴角向两边展开。（ei-ei-ei） 请同学们跟我读（ei的四声）。 3.学习ui 第三位朋友听到你们洪亮的声音都忍不住从奶奶的围巾里探出头来了呢。你看，他在这。请同学们注意老师的口型变化，跟着一起读ui，ui，ui。大家注意读ui时先发u的音，定准口型然后慢慢滑向i的发音，口型也慢慢地变化，气流不中断口型由圆到扁ui-ui-ui，一条围巾ui-ui-ui。 （三）学习并运用声调歌给ai ei ui标四声调 师：ai ei ui可神气啦，它们喜欢给自己戴上漂亮声调帽子。请同学们跟着老师齐读标调歌，牢牢记住拼音小帽的位置：有a在，给a戴，a不在，oe戴，要是iu一起来，谁在后面给谁戴。 师：牢记标调歌，我们就不会给ai ei ui它们的帽子戴错了。下面我们来看看把四声打乱顺序你们能认得准吗？ āi ǎi ài ái èi ēi ěi éi uī uǐ uí uì 师：同学们读得很整齐。拼音国王说了，你们一个复韵母的四声调可以读得很好，那要是三个复韵母混在一起呢？下面我们挑战一下三个复韵母混在一起。 èi ēi uī ǎi uí ài éi uǐ ái （四）指导书写ai ei ui 师：同学们，复韵母宝宝ai ei ui玩累了，它们想回家，小朋友们你们知道它们住在哪吗？是的，她们都住在四线三格里。请同学们仔细看。 ai：先在中格写a，然后在中格写i，a和i要靠近。 ei：先在中格写e，然后在中格写i，e和i要靠近。 ui：先在中格写u，然后在中格写i，u和i要靠近。 师：同学们，我们已经知道三个复韵母住在哪里了，那现在我们就打开拼音本练习书写ai ei ui。 课堂小结： 同学们这节课我们又认识了三位复韵母朋友，它们都是由单韵母朋友组合而成的。我们不仅掌握了它们的音形，能够正确书写，而且能读准四个声调，你们真棒！	

【板书设计】

ai ei ui

【作业布置】

基础性课堂练习：

1. 会读复韵母ai、ei、ui及其四声，读准音、认形，正确书写。

2. 掌握ai、ei、ui标调的方法。

课后能力提升：

1. 能和同座一起拼读含有ai、ei、ui单音节。

2. 尝试着自己拼读本课词语、儿歌。

【教学反思】

因为本课的学习内容较多，课堂容量大，所以绝不允许没有明确目标的学习内容，每一个环节都必须紧紧相连，环环相扣。教学时，我先安排了单韵母的复习，引入复韵母的教学，在学会复韵母的基础上，学习拼读音节，既直观又使学生品尝到自己拼读成功的喜悦。

人教版的教材，大都配有形象直观、生动有趣的情境图，特别是低年级教材的拼音部分。因此，我最大限度地开发课程资源，利用形象直观的情境图，既训练学生的口语表达能力，又可以从生活实践中找到要学的复韵母的读音，让复韵母的发音来源于生活，让学生对复韵母的发音不觉得陌生和困难。例如，ai的发音从比高矮的"矮"引入，ei的发音从用力时发出的"欸"引入，ui的发音从围巾的"围"引入。从生活中用的字音引入，让学生觉得发准复韵母的音其实很容易，让他们享受获得知识的愉悦。随后再以复韵母的字形特点来指导发音，让学生从掌握一个知识变为掌握一种方法。因此，在教学完ai的发音后，ei ui的发音方法，我尽量让学生自己根据规律来学，培养学生的自主探究的学习意识和方法。

这一节课，让我深刻地认识到，作为一名教师，作为一名有技巧的引导者，在教学中应充分考虑到学生的课堂实际表现，随机应变，改变自己的教学预案。充分尊重学生的主体地位，站在学生的角度去思考问题，如何在40分钟里留给学生广阔的空间，开展生动、有趣、直观的教学活动，引导他们获得扎实的知识，同时激发学生开动脑筋、积极思考问题、主动寻求解决问题的方法。这都向我的教学智慧与教学能力提出了一系列挑战。我深深地明白，要成为一名优秀的教师，在以后的教学中，必须不懈努力，我将和我的学生们一起成长！

（新疆生产建设兵团第九师小白中学杨王婧撰）

《穷人》教学设计

【课程要求】

语言是重要的交际工具和思维工具，语言发展的过程也是思维发展的过程，二者相互促进。语言文字及作品是重要的审美对象，语言学习与应用也是培养审美能力和提高审美品位的重要途径。语言文字，既是文化的载体，又是文化的重要组成部分。学习语言文字的过程是学生文化积淀与发展的过程。在语文课程中，学生的思维能力、审美创造、文化自信都以语言运用为基础，并在学生个体语言经验发展过程中得以实现。

【教材分析】

《穷人》是部编版小学语文六年级上册第四单元的第二篇课文，本单元是本册教材第一次以单元的方式引导学生接触小说。这一组课文都是以人间真情为专题安排的，从古今中外社会的不同层面，用不同的文体揭示人间美好的情感。作者托尔斯泰描述的是渔夫和妻子桑娜在生活举步维艰的情况下，仍然收留邻居西蒙的两个孩子，这样一个感人的故事。这篇课文的写作特点非常鲜明，就是运用环境描写、心理描写和语言描写来刻画人物形象，展现良好的人性。本单元的语文要素是"读小说，关注情节、环境，感受人物形象"。

【教学目标】

1. 知识与能力目标：学会本课12个生字，理解"顾惜、勉强、抱怨、忧虑、忐忑不安"等词语。

2. 过程与方法目标：培养学生理解重点语句、合理想象的能力；能正确、流利有感情地朗读课文。

3. 情感态度与价值观目标：抓住人物对话和心理活动，环境描写来体会桑娜和渔夫的人物形象。

4. 根据提供的语境，联系课文内容描写桑娜的心理活动。

【教学重点】

1. 抓住重点语句，体会重点句子的含义。

2. 理解课文内容，感受渔夫夫妇的高尚品质和沙俄时代穷人的穷困悲惨。

【教学难点】

理解桑娜复杂的心理活动，体会课文的思想感情。

【教学课时】

2课时。

【教学准备】

课件。

【教学过程】

第一课时

（一）谈话导入，创设情境

师板书课题：同学们，社会在不断进步，但不能否认，我们周围还存在很多穷人。"穷人"是什么意思？（穷苦的人。）看到这两个字，你想到了什么，他们的生活是什么样的？

今天，我们一起来学习俄国伟大作家列夫·托尔斯泰的短篇小说《穷人》，看他笔下的穷人生活是怎样的？为什么用"穷人"作题目？

思考：为什么用"穷人"作题目？

（二）初读课文，了解大意

（1）自由读课文，正确流利，读通全文。

（2）学生提出生字词，读准字音，解释字义，检查预习情况。

（3）默读课文，理清层次，想想课文讲了一件什么事。

课文写的是一个寒风呼啸的夜晚，桑娜和渔夫不顾自家贫苦，主动收养已故邻居西蒙的两个孩子的故事。真实地反映了沙俄专制制度下渔民的悲惨生活，赞美了桑娜和渔夫宁可自己吃苦也要帮助别人的美好品质。

（三）学习课文，感悟"穷"

1. 教师导语

这篇课文课题是"穷人"，文中写了哪些穷人？（桑娜、渔夫、西蒙）

2. 反馈交流，多角度感受穷人的"穷"

（1）从屋内的摆设看出"穷"。

"渔夫的妻子桑娜坐在火炉旁补一张破帆。"

"古老的钟发哑地敲了十下，十一下……"

"屋子里没有生炉子，又潮湿又阴冷。"

（2）从孩子的吃、穿看出"穷"。

"孩子们没有鞋穿，不论冬夏都光着脚跑来跑去；吃的是黑面包，菜只有鱼。"

"显然，母亲在临死的时候，拿自己的衣服盖在他们身上，还用旧头巾包住他们的小脚。"

（3）从桑娜和渔夫的忙碌看出"穷"。

"丈夫清早驾着小船出海，这时候还没有回来。桑娜听着波涛的轰鸣和狂风的怒吼，感到心惊肉跳。"

"丈夫不顾惜自己的身体，冒着寒冷和风暴出去打鱼，她自己也从早到晚地干活，还只能勉强填饱肚子。"

"糟糕，真糟糕！什么也没有打到，还把网给撕破了。倒霉，倒霉！天气可真厉害！我简直记不起几时有过这样的夜晚了，还谈得上什么打鱼！谢谢上帝，总算活着回来啦。"

思考：文中未出现一个"穷"字，字里行间却"穷"意浓浓。请大家快速再读课文，找找哪些地方让你感受到了"穷"。

3. 学生感受到穷人的"穷"后，教师介绍文章写作背景

《穷人》一文的写作年代，正是俄国历史上阶级矛盾空前激化的时期。封建农奴制一步步地瓦解，广大人民对沙皇专制的反抗斗争日趋高涨。在这个时期，贵族、资产阶级吮吸人民的血汗，生活奢华而道德堕落，广大劳动人民生活极端贫困。而桑娜与西蒙两家的贫穷正是沙俄时期俄国底层人民悲惨生活的真实写照。

4. 教师总结、过渡

渔夫每天早出晚归地捕鱼，即使是在风暴袭击的恶劣天气里，仍然冒着寒冷与危险出海；桑娜也从早到晚地干活，即便他们这么勤劳，只能勉强填饱肚子，而且吃的是黑面包和鱼，足可见他们是多么穷苦，简直是在煎熬中度过。邻居西蒙更因为没钱看病悲惨地死去，这穷苦的生活真令人心酸啊！那桑娜一家面对恶劣的生活环境有没有怨天尤人、自暴自弃呢？他们家是怎样的？从文中找出来。

"海上正起着风暴，外面又黑又冷，这间渔家的小屋里却温暖而舒适。"

"温暖"是指炉火没有熄灭，与外面的寒风呼啸形成对比。

"舒适"是指地面干净，食具闪闪发亮，孩子安睡着，与丈夫在狂风大浪中打渔形成对比。

通过对比，体会桑娜的勤劳能干，也体会渔夫一家的生活虽艰辛，却也很温馨。

5. 教师小结

问题引导：

（1）这些句子主要是在哪里找到的？这部分主要讲什么？

第一部分（第1、2自然段）：渔夫的妻子桑娜在寒风呼啸的夜晚，焦急地等待着出海捕鱼的丈夫归来。

（2）从这部分你能得到什么信息？

这一部分的描写交代了三个要点：

故事发生的环境——恶劣的自然环境和穷困的家庭环境。

介绍了人物——勤劳善良的桑娜和她的丈夫。

渔夫为了一家人正在海上打鱼，与风浪搏斗。

（3）为什么要用这么多笔墨描写桑娜的家，这部分内容在文章中起什么作用？

这三点使读者看到穷人渔夫一家的生活现状，起到了"点题"的作用，同时为后面故事的发展打下基础，与人物的精神、品质有着密切联系。

（四）课堂小结

桑娜一家生活这么艰难，而且已经有了五个孩子，为什么还要主动收养西蒙的两个孩子呢？下节课让我们跟随作者的描述，走进桑娜和渔夫的内心世界，去感受他们高尚而美好的心灵。

（五）作业设计

（1）抄写本课生字新词。

（2）熟读课文，思考课后习题。

第二课时

（一）复习词语，导入新课

（1）巩固词语、回忆课文第1自然段的场景描写。

（2）回顾课文第1自然段，感受渔夫和桑娜生活的艰难。

师：环境描写交代了事情发生的场景。这节课我们继续探索环境描写在小说当中的作用。

（二）回顾环境描写、走进心桑娜内心，感受人物形象

师：课文当中还有哪些地方是环境描写呢？再找出来读一读。

生汇报西蒙家庭的环境描写。

师：西蒙一家的环境和桑娜一家有什么不同吗？（温暖——潮湿阴冷形成鲜明的对比。）

师：从这些环境描写当中你感受到了什么？

师小结：环境描写在小说当中不仅交代了事情发生的场景，还能推动故事情节的发展。

师：我们从环境描写当中感受到了桑娜一家的生活如此艰难，渔夫和桑娜却不顾自家的贫穷，收留了两个孩子，这究竟是怎么回事呢？桑娜收留孩子之后她的内心世界是怎样的？请一位同学读课文的第9～11自然段，其他同学画出桑娜抱回孩子后的心理活动的句子，在有感想的地方作批注。

（1）学生交流阅读批注。

（2）桑娜抱回孩子后，心情怎么样？找出最能体现桑娜心理的词语。

（忐忑不安）

师：联系上下文体会"忐忑不安"什么意思？

（忐忑不安：形容心情不安定。）

师：同学们，你们能设身处地感受人物命运。这真了不起！

（3）感叹号、省略号、问号有什么作用？

标点符号的连续运用，表明桑娜当时的心理活动时断时续，内心世界的复杂纠结，逼真地写出了桑娜不安的心理。

读了描写心理活动的句子，让我们看到了桑娜矛盾的心理世界。思考：桑娜忐忑不安，她还会想些什么？学生想象补充桑娜的内心世界。

（4）师：理解之后，老师再请另一位同学朗读课文第9～11自然段，要能读出桑娜的忐忑不安，内心世界的复杂、纠结。

（5）师：此时此刻，桑娜在你们心中是一个怎样的人？请几名同学来谈谈桑娜是个什么样的人？

（充满爱心、乐于助人、勤劳善良。）

（三）品读对话，走进人物内心，感受丈夫的态度

桑娜忐忑不安地等着丈夫回家，渔夫回来之后，怎么对丈夫说呢？丈夫又会怎么说呢？

（1）师生合作读第12～27自然段，其他同学写感悟，在书上作批注。

（2）交流：桑娜的丈夫做出收养的决定也是很难的，从什么地方可以体现呢？渔夫皱起眉，他的脸变得严肃、忧虑。"嗯，是个问题！"他搔搔后脑勺儿说："嗯，你看怎么办？得把他们抱来，同死人待在一起怎么行！哦，我们，我们总能熬过去的！快去！别等他们醒来。"

（3）这段话细致地描写了渔夫做出决定前后思考的过程，说明他与妻子桑娜一样，有着一颗甘愿自己受苦也要帮助他人的高尚的心。

分析感悟：

①"嗯""哦"的读音、意思。

（认识到问题的严重性，很严肃；商量的语气）（关注这件事了；安慰桑娜）

②从他"皱起眉""严肃""忧虑"充满了同情，态度非常认真，想得很周到，所以语气要加重。

（4）小结：这段话是文章的第三部分（第12～27自然段）写的是渔夫回家，知道西蒙死了，主动提出收养孤儿，两人想法不谋而合。

虽然不长，但写出了渔夫的心理变化，抚养孩子成人不是简单的接济、施舍，这是多么艰难而漫长的路啊。这期间，要消耗他多少精力、体力乃至生命。为了帮助别人，他宁愿牺牲这一切，从这里我们看出了渔夫的善良，同时他也非常勤劳。

师生小结：作者是怎么刻画渔夫的形象的呢？

生：通过动作、语言、神态描写。

师：结合具体的句子，谈一谈渔夫是一个怎样的人。

（憨厚、直爽、善良）

师：小说就是这样把一个憨厚、直爽、善良的渔夫带到了我们面前。

（四）体会"心心相印"

（1）看到丈夫是如此通情达理，桑娜心情会怎样？体会一下……

桑娜说出来没有？

（2）对呀，千言万语就凝缩成一句话，一个动作——"你瞧，他们在这里啦。"桑娜拉开了帐子。

我们来读这一句："你瞧，他们在这里啦。"你感受到了什么？（忐忑不安—如释重负）心里的石头落地了。

（3）在抱回孩子这件事上，桑娜和渔夫事先没有商量，而想法和做法完全一致——邻居的孩子非抱来不可。这叫什么？（不谋而合，心心相印）

也说明穷人和穷人的心是相通的。美国作家海明威说过这样一句话："贫穷的人往往富于仁慈。"

（五）技能拓展，读写迁移

师：小说通过心理描写、环境描写塑造了桑娜这样一个善良的人物形象，心理描写能体现人物美好品质。今天我们来试一试。请看课后习题：

"是啊，是啊，"丈夫喃喃地说，"这天气真是活见鬼！可是有什么办法呢！"

两个人沉默了一阵。

沉默中，桑娜会想些什么呢？联系课文内容，写一写桑娜的心理活动。

（1）写写桑娜的心理活动的句子。

（2）生汇报，师点评。

（六）再读课文第1自然段，感受情感升华

师：课堂从第1自然段的环境描写开始，让我们从这一段环境描写当中结束吧。再读这"温暖而舒适"的小屋，你又有什么不同的体会？

这间渔家的小屋里却温暖而舒适。地扫得干干净净，炉子里的火还没有熄，食具在搁板上闪闪发亮。挂着白色帐子的床上，五个孩子正在海风呼啸声中安静地睡着。

师：你们看，环境描写不仅能交代故事发生的场景，还能衬托人物的美好品质。是的，人不是因为美丽而可爱，而是因为可爱而美丽。现在老师把这个"穷"字擦去，那你们将给课文取什么题目？（好人、善人）

今天我们的课堂到这里结束了，但是我们对小说的探索才刚刚开始。

【板书设计】

【作业布置】

1. 基础型：摘抄课文当中环境描写的句子。

2. 能力提升型：仿照课文第9自然段，写写自己忐忑不安的经历。

3. 拓展型作业：高尔基曾说："不认识托尔斯泰者，不可能认识俄罗斯。"课后，同学们可以继续阅读列夫·托尔斯泰的其他作品。

【教学反思】

高年级阅读要怎么教？让学生在阅读教学当中，真正把文字读到自己的内心深处，这个是教师需要思考的问题，不管我们怎么样设计教学环节，都要深刻地研读文本，抓住文本的特点，结合学生的认知规律，才能恰如其分地引导他们读小说、品小说，学习写小说。对本堂课的教学又有了许多新的想法，在教学当中，我会多多实践，寻求更恰当更合适的方式，让学生在阅读当中真正体会到快乐，得到收获。把原原本本的课文当作习作的好"影子"，让他们在写作当中有方向可寻。

（新疆生产建设兵团第十师一八一团中学周海燕撰）

《忆读书》教学设计

【课程要求】

提高小学生在语文学习方面的综合能力，增强学生在语言文字上的理解，强化学生在经典文学作品上的阅读与鉴赏训练就显得尤为重要。为切实促进学生的阅读与鉴赏能力有效提升，逐步增强文学底蕴，提高小学生对于文学作品的理解能力、独立思考的能力、提出问题的能力，语文教师需要对教学方法进行不断的探索，并在教学实际中做出改进。

【教材分析】

本文是一篇叙事散文，作者冰心按时间顺序，回忆自己童年时期的读书经历、多年的读书经验、选书的标准和读书的方法，表达"读书是我生命中最大的快乐""读书好，多读书，读好书"等感悟。

全文可分为三部分。第一部分（第1自然段）开篇点题，引出下文。第二部分（第2～10自然段）写作者的读书经历和读书的好处，以及怎样挑选、比较好书。其中第2～8自然段主要写作者童年时的读书经历，第9、10自然段主要讲作者后来的读书体会。第三部分（第11、12自然段）作者把自己多年来的读书感悟写出来赠送给儿童，总结全文。

课文里有大量读书方面的信息，如读书经历、读书态度、选书的标准、读书方法和读书的好处等，角度不同，内容丰富。作者按时间顺序介绍了自己的读书经历：四岁母亲就教给她国文教科书；七岁时因为太喜欢舅父讲的故事，自己开始读《三国演义》；十二三岁开始读《红楼梦》，中年以后再读《红楼梦》；1980年后挑选、比较着"读万卷书"。作者对阅读过的书有着丰富的阅读感受，例如，有的书人物形象生动、栩栩如生、个性鲜明，故事情节精彩，情感真实质朴，让她尤其欣赏，心动神移；有的书情节烦琐，矫揉造作，索然无味，让她心生厌倦；有的书随着时间的推移让她产生全新的认识。无论是童年一知半解地读《三国演义》，还是后来反复读《红楼梦》，将《封神榜》《荡寇志》与《西游记》《水浒传》比较读，都给作者带来了很大收获。

课文结尾的一句话"读书好，多读书，读好书"包含三层意思。"读书好"是指开卷有益，"多读书"是指博览群书，"读好书"是说要读对身心发展有益的书。这九个字既是作者对自己一生读书的总结，也是对下一代的殷切期望。

课文中的插图，形象地再现了《三国演义》中的关羽、诸葛亮，《红楼梦》中的贾宝玉、林黛玉，《水浒传》中的林冲等经典人物形象。

【教学目标】

1. 认识14个生字，读准3个多音字，会写14个字，正确读写本课词语。
2. 用较快的速度默读课文，能梳理出作者的读书经历，说出作者对"好书"的看法。
3. 结合自己的读书经历，谈谈你对"我永远感到读书是我生命中最大的快乐"这句话的体会。
4. 能对作者的读书方法发表自己的看法。

【教学重点】

1. 用较快的速度默读课文，梳理出作者的读书经历，说出作者对"好书"的看法。
2. 结合自己的读书经历，谈谈你对"我永远感到读书是我生命中最大的快乐"这句话的体会。

【教学难点】

结合自己的读书经历，谈谈你对"我永远感到读书是我生命中最大的快乐"这句话的体会。

【教学课时】

2课时。

【教学准备】

1.教师准备：教师制作PPT课件（演示文稿）。

2.学生准备：预习课文，借助工具书认识生字词。

【教学过程】

第一课时

（一）课时目标

（1）认识14个生字，读准3个多音字，会写14个字，正确读写本课词语。

（2）用较快的速度默读课文，梳理出作者的读书经历，说出作者对"好书"的看法。

（二）课时教学过程

1. 谈话导入，激发兴趣

（1）引导：读一本好书，就是和许多高尚的人谈话，当我们一次又一次畅游书海的时候，我们的胸怀变得更加宽广；当我们一次又一次感悟书香的时候，我们的灵魂变得更加高尚。同学们，我们刚刚结束了愉快的假期，你们一定在假期读了很多有意思的书，哪位同学可以回忆一下，你们假期阅读的书目，然后分享一本你喜欢的书，说说你是怎么读的？为什么喜欢？

（2）同学们交流。

老师分享：老师假期也读了几本书，出示《三国演义》《水浒传》《红楼梦》，还有一本老师想让同学们猜猜这是哪位作家的书。根据文字信息，学生猜测作者。

课件出示：

这些事——

是永不磨灭的回忆

月明的园中

藤萝的叶下

母亲的膝上

（3）简介作者。

课件出示：

冰心（1900—1999），原名谢婉莹，中国女作家，儿童文学作家。她一生创作了大量小说、散文及儿童文学作品，具有广泛的影响力。

主要作品：《寄小读者》《再寄小读者》；诗集《繁星》《春水》等。

（4）引出课题。

刚刚这首诗是冰心诗集《繁星》中的一首，今天我们就去看看冰心是怎么读书的。板书课题《忆读书》并齐读。

过渡：冰心是文学界的常青树，从19岁成名到耄耋之年仍在创作。她能取得这么高的文学成就与她的勤奋读书是分不开的。她是怎么读书的呢？我们一起去探究一下吧！

设计意图：通过谈话激发学生兴趣，拉近学习本课的距离；激发学生学习和阅读的兴趣。

2. 初读课文，整体感知

（1）自由读课文，自主学习生字词。思考本文按照什么顺序写的。

① 开火车读词语。

课件出示：

舅父　无限　凯旋　述说　烦琐　诸葛亮　报刊　朴实

水浒传　荡寇志　书卷　兴亡盛衰　天罡地煞　栩栩如生

宴桃园豪杰三结义　斩黄巾英雄首立功

② 多音字正音：

［juàn］画卷　　　　　　　　［juǎn］卷入

［chuán］传递　　　　　　　［zhuàn］传记

（2）梳理作者的读书经历。

① 引导：本文主要内容是冰心回忆自己童年时期的读书经历、多年的读书经验、选书的标准以及读书的方法，表达读书的感悟。如果想知道作者的读书经历，以及作者判断好书的标准，需要提取、整理哪些内容呢？

② 小组交流讨论。

交流讨论内容：作者读书的不同阶段、所读书目的名字。

（3）自主阅读，提取相关信息。

请同学们默读课文，按照时间顺序用"○"圈出作者的读书时间段，用"▭"圈出作者所读书目的名字。（出示方法示例）

课件出示：

我会认字后不到几年，就开始读书。倒不是四岁时读母亲教给我的国文教科书，而是七岁时开始自己读"话说天下大势，分久必合，合久必分……"的《三国演义》。

（4）全班汇报交流，教师相机指导。

① 梳理作者的读书经历。

课件出示表格：

七 岁	十二三岁（少年）	中 年	1980年后（老年）
《三国演义》			《西游记》
《水浒传》	《红楼梦》	《红楼梦》	《封神榜》
《荡寇志》			现代文艺作品

像这样利用表格的形式，我们很容易就将冰心的读书经历梳理清楚了。

② 小结：通过圈画梳理信息，我们发现作者回忆了自己——（引导学生回答）童年、十二三岁（少年）、中年、1980年后（老年）的读书经历，也就是一生的读书经历。

设计意图：课初，对学生字词预习情况进行检查，通过圈画的方法引导学生梳理出作者的读书经历，用表格的形式对信息进行加工和整理，为后面梳理作者的读书感受和读书方法进行方法指导。

3. 运用方法，品读课文

（1）引导：我们梳理清楚了冰心一生的读书经历，她在读书中又获得了哪些感受呢？她认为"好书"的标准又是什么呢？下面我们就一起深入文本好好品味吧。

（2）小组合作。

① 自主学习第2～5自然段，用圈画的方法，圈出文中作者读《三国演义》感受的词语，思考：作者是怎么读的？

② 小组交流。

③联系生活实际谈谈你的感受。

④梳理作者的读书感受和读书方法。

（3）学习第3～5自然段。

①梳理第3自然段。

结合课文内容和生活实际体会"津津有味""好听极了""无限期待""含泪"等词语。

②梳理第4自然段，抓住词语"一知半解""明白"。

联系上下文和生活实际体会词语"一知半解"的意思。（板书：一知半解读）

③梳理第5自然段，抓住哭了两场。

引导概括："带着感情读"。

结合课文内容和生活实际理解："哭了一场""又哭了一场"。

小结：哭了两次说明她读的时候倾注了自己的感情，为故事中的人物喜，为故事中的人物悲。

引导：这里需要我们对作者读书的感受进行概括，哭了两次，说明作者读的时候"非常伤心"。据此引导：我们在梳理信息时需要适时概括。

④指导朗读：一部《三国演义》承载着作者的喜怒哀乐，让我们通过朗读把作者的这些感受读出来吧！（全班齐读第2～5自然段）

过渡：你知道作者读《三国演义》最大的收获是什么吗？（对章回体小说有了兴趣）接着，她又读了哪些书？（《水浒传》《荡寇志》《红楼梦》）

（4）学习第6～7自然段。

出示自学提示：

读第6～7自然段，圈出作者读《水浒传》和《红楼梦》的感受，思考为什么作者有这样的感受？用横线画出来。

①《水浒传》：抓住"尤其欣赏"。

a.结合课文内容和生活实际体会"尤其欣赏"。

预设："尤其欣赏"是因为《水浒传》中着力描写的人物，如林冲、武松、鲁智深等，都有极其生动的性格。

b.指导：《水浒传》中有性格生动的人物与《荡寇志》中并没有个性的人物形成鲜明对比。由此总结"对比读"这一读书方法。（板书：对比读）

学生结合自己的阅读经历谈体会。

②《红楼梦》：抓住"厌烦""滋味"。

a.结合课文内容体会"厌烦""滋味"。

预设："厌烦"是因为"贾宝玉的女声女气、林黛玉的哭哭啼啼"，"滋味"是因为"到了中年才尝到'满纸荒唐言，一把辛酸泪'包含的朝代和家庭兴亡盛衰的滋味"。

b.引导：作者感受的变化与什么有关？（她中年的人生经历）

（5）你有没有这样的读书经历或感受呢？学生结合自己的读书经历谈感受。

（6）出示名言，感悟读书。

课件出示：

旧书不厌百回读，熟读深思子自知。〔（宋）苏轼〕

学生齐读，感受书要多读、反复读，才能品味出其中的滋味。（板书：反复读）

小结：七岁时，作者对书中故事的下文充满无限期待，开始读《三国演义》；接着，读了人物性格鲜明的《水浒传》；十二三岁，由读《红楼梦》感到厌烦到中年时才明白其中的滋味。读到这作者想要告诉我们什么？"我永远感到读书是我生命中最大的快乐！"

（7）引导交流：回顾第1~7自然段，梳理要点，与同学交流作者认为好书的标准是什么。

预设：

①故事情节吸引人、令人废寝忘食去读的书。

②人物个性鲜明的书。

③越读越有味的书。

④让人明白做人道理的书。

（8）小结：凡是能引发人阅读期待，激发阅读兴趣；所描写的人物栩栩如生、个性鲜明；故事耐人寻味；故事情节精彩，不烦琐；感情真挚、质朴浅显，使人心动神移，不能自已的书都是好书。

设计意图：采用自主探究的学习方式，引导学生根据要求梳理信息，把握主要内容，让学生交流讨论课后习题第一题，运用老师教授的梳理信息的方法，品味作者的读书感受，概括作者的读书方法，总结好书的标准。

【板书设计】

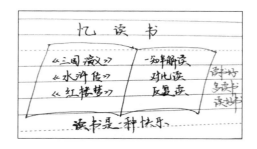

【作业布置】

1. 熟读课文，抄写词语。

2. 请你以自己读过的一本好书写一段读书感受在卡片上，作为好书推荐送给你的好友。

3. 小结：冰心通过呈现大量的读书经历，就是想告诉我们应该"多读书"；通过分享她对好书的看法和感受，告诉我们应该"读好书"。下节课，让我们继续探讨冰心的读书感悟。

【教学反思】

《忆读书》向读者按时间的先后顺序回忆了作者一生读书的经历及过程，该文章篇幅较长，因此在教学中我采取了长篇短教的方法，让学生能领会冰心先生的《忆读书》。

本着研究"抓精彩细节，营造有活力的语文课堂"的理念，运用"抓文眼，扣关键句切入，进行阅读教学"的阅读教学模式。以课题中"忆读书"的"忆"入手，紧扣关键句"读书好、多读书、读好书"，进行阅读教学。

首先我以介绍冰心的背景来导入课文，学生读题目后谈谈对题目的理解。目的在于让学生对冰心有大致的认识，因为标题就是本文内容的概括，让学生从"忆"入手，学习冰心的读书经历和感受。

其次学生通过听录音找出冰心奶奶多年的读书感受"读书好，多读书，读好书"，从而找出这篇文章的关键句，展开阅读教学。

再次，只有"多读书""读好书"，才能体会到"读书好"。让学生在文中圈画作者回忆了幼时、少时读过哪些书，作者是按什么顺序来回忆幼时、少时读书经历的？在文中圈画表明顺序的词语明确时间，理解第2～10自然段的内容。把文中的篇目及读书的时间在多媒体屏幕中列举，旨在说明冰心从七岁开始读书，八十多年间，她读了很多书。这一环节在板书"多读书"之后宣告结束。然后进入下一个教学环节。这一环节的设计，周老师一针见血地指出就是犯了小学语文教学通病："文本的位移""内容的复制"，教学没有实效性。其实教师应该引导学生分析冰心所读的书，适当归类，如文学名著、古典诗词、外国小说等，让学生感受到冰心"读了很多书"，进而初步认识"爱读书"的冰心。

让学生通过"比着读""挑着读"，体会什么是好书。以上两个环节是为下一环节"读书好"做铺垫。让学生结合课文内容和联系自己的读书实际，认识"读书好"。让学生紧抓文本感悟品读，如七岁时，她"听得津津有味"，对故事的下文"无限悬念"，常常"含泪上床"。这足以说明她从小就对读书有浓厚的兴趣，渴望读书。再如，读《三国演义》时，她"哭了一场""又哭了一场"。常常被书中的故事情节所打动。作者这样写的意图在于说明"我"读得投入。在朗读的同时，我引导学生学会圈画，回答问题从文本出发，找出关键的句子和词语，用圈画帮助阅读。这环节上得到老师们肯定的是，我充分调动了学生自主学习的兴趣，让他们通过"圈、读、悟、议"等步骤，让他们参与阅读。培养学生的阅读能力与表达能力。但在这环节上，我的不足之处是对于文中提到的作者的读书感受，没有引导学生结合自己的读书体验，体会作者的情感体验，让学生联系自己的读书实际谈谈。我们常说教师要有智慧地教，学生要有智慧地学。然而没有教师智慧地引领，学生又何来智慧张扬的平台。而教师的智慧就体现在每一节课的细微之处。通过这次的研讨，我最大的收获就是在以后的每一次备课中力求做到对文本的深刻解读，适合于学生现有知识结构、理解力的适切解读，以不变应万变。

最后的拓展活动，让学生积累有关读书的名言警句，并根据自己的阅读实际，选择一本好书或一篇好文章推荐给大家。希望可以通过拓展、增强学生的表达能力的同时培养学生阅读课外书的兴趣。在这个环节上，听课老师肯定了我的拓展设计，但由于时间的限制，我只请了一位同学来介绍，有点草草收场的感觉。如果在时间的允许下，多请几位学生交流分享会更好。在实际教学中，要把上述复杂的"解读"变成简单的教学设计，避免烦琐地分析讲解，腾出时间来让学生多交流分享，把课堂回归于他们，这才是高效的课堂。

这堂课令我欣慰的是孩子们课堂活动和表现得到了听课老师的赞赏。他们认为五年级的孩子在表述时出现"我认为""在我看来""我从这句读懂了"等这样的字眼儿很了不起，而且表述得很完整，个别同学发言非常精彩，这对培养学生的思维品质和表达能力很有益处。同时他们对孩子们朗读的流利、感情的充沛、学习习惯的养成等方面表示了肯定。

孩子们的表达和朗读技能都有了明显的进步，也坚定了我继续进行这方面有意识训练的信心。这一次，对于我来说是一次磨炼；对于孩子们来说，经历这次公开课展示，他们会更自信地面对每一次挑战。

课程结束了，但这堂课的工作还要继续。翻开教学设计，将整理好的思路，再次融入教案中，弥补教学过程中出现的不足。完善不能完美，正如一位老师所说："你们年轻教师，有激情，但缺少经验，因此允许你们犯错误，在一次次的磨炼中成长。"

同时我也警告自己，不能以年轻、缺少经验为借口，放松对自我的要求，我们要做的事太多了。尤其作为一名语文教师，人文素养的提高至关重要。要多读、多想、多练笔，不断提升认识问题和解决问题的能力，改善思维方式和行为方法。

是的，课结束了，但文本解读的研讨才刚刚开始。在语文教学的天地里我们是稚嫩的，就像刚出炉的剑，需要一次次地淬火锻造，才能发出锋利的剑芒。

（新疆生产建设兵团第十师一八四团中学崔宜芳撰）

《荷叶圆圆》教学设计

【课程要求】

语文课程必须根据学生身心发展和语文学习的特点，努力为学生创设良好的自主学习情境，让他们在感兴趣的、主动积极的思维和情感活动中，加深理解和感悟，真正成为语文学习的主人。

【教材分析】

《荷叶圆圆》是统编版小学语文一年级下册第六单元第13课。这是一首轻盈、活泼，洋溢着童真、童趣的散文诗，有利于启迪学生智慧，激发学生的想象力。学习这篇课文可以感受到：圆圆的、绿绿的荷叶，是小水珠的摇篮，是小蜻蜓的停机坪，是小青蛙的歌台，是小鱼儿的凉伞及它们快乐的心情。

【教学目标】

1.认识"珠、摇"等12个生字和身字旁1个偏旁；会写"亮、机"等7个字。

2. 能借助插图、联系生活实际了解"停机坪、摇篮、透明"等词语的意思；通过做动作知道"躺、展开"等字词的意思。

3.能有感情地朗读课文，背诵课文，感受夏天的美好。

4.学习并仿照"荷叶圆圆的，绿绿的"的句式说话。

【教学重点】

通过联系生活实际，做动作等方式理解词语的意思。

【教学难点】

仿照"荷叶圆圆的，绿绿的"的句式说话。

【教学课时】

2课时。

【教学准备】

课件。

【教学过程】

第一课时

（一）谜语导入，激发兴趣

1. 出示谜语

一把大伞绿又圆，夏天站在水里面。（荷叶）

2. 解读课题

（1）教师板书课题，学生齐读课题。

（2）说说你印象中的荷叶是什么样子的。

3. 教师引导，读句子

（1）引出第1自然段："荷叶圆圆的，绿绿的。"

（2）观察课文插图，感受荷叶的这两个特点。

（3）引导学生比较书上的句子和"荷叶是圆的，绿的"，进而体会叠词的表达效果。

设计意图：在学生兴趣调动起来后，出示自学要求：自读课文，圈出文中生字词，把自己读不好的地方反复读几遍。并思考：这么美的荷叶还吸引来了哪些朋友？

（二）初读课文，识记生字

1. 初读课文，认识生字

（1）学生先独立借助拼音自由读课文，再把生字连成词，多读几遍。

教师提出学习要求：自己读课文，把课后要求认识的生字圈出来，把自己读不好的地方反复读几遍，把要求会写的字也圈出来，多读几遍。

设计意图：让学生带着问题在读中寻找答案，目的明确，还培养了学生理解课文的能力。

（2）同桌相互检查，相互正音，把读不好的字多读几遍。

（3）集中检查学生认识生字的情况。指名学生当小老师，让其带领大家认读自己喜欢的、读得准的生字。

（4）出示课件。（课件出示：用田字格展示带拼音的生字"珠、摇、躺、晶、停、机、展、透、翅、膀、唱、朵"。）学生齐读带拼音的生字。

（5）出示课件。（课件出示：不带拼音的生字。）

学生以开火车的形式读不带拼音的生字。

（6）师生做"我指你说"的识字游戏：教师随机指向屏幕上未注音的字，学生齐读。

2. 交流方法，识记生字

（1）学生交流识字方法。

（2）教师总结：

① 动作演示识记。"摇、停、唱"都是形声字，也都是表示动作的词，如识记"摇"字，可以让学生把手掌当作床，摇动手掌，感受"摇"的动作和手有关。

② 以字带词的组词认读。"展、透、翅、膀"可以结合具体语境，组合成"展开—展开翅膀—展开透明的翅膀"这样的词语、短语，让学生边做动作边识记。

③ 认识新偏旁。新偏旁身字旁，通过对比"身"和身字旁的区别，知道"身"作部件后一撇不出头的变化，以及身字旁的字一般与身体有关。"躺"可以通过组词"平躺、躺下、躺椅"等来识记。

（三）再读理解，指导书写

1. 再读课文，理解体会

（1）课文给我们介绍了哪几个小伙伴？根据学生的回答出示相应图画。（课件展示）

（2）小水珠把荷叶当作了什么？（课件出示：关于摇篮的动画）

（3）小蜻蜓把荷叶当作了什么？（课件出示）

（4）小青蛙、小鱼儿分别把荷叶当作了什么？（歌台、凉伞）

（5）4个调皮的小伙伴分别把荷叶当作了摇篮、停机坪、歌台、凉伞，那么，它们是怎样在荷叶上玩耍的？先让学生读课文，找到4个动词（躺、立、蹲、游），再指名学生用完整的话回答，做动作。

2. 指导书写：亮、机、朵

师结合学生的回答，教师小结：

（1）这3个字都含有一个相同的部件"几"，但由于每个字的结构不同，"几"所处的位置也不同。"亮"属于上中下结构，"几"在下方，略扁；"机"与"朵"这两个字是由相同的两个部件组成的，"机"的"几"要写得瘦窄；"朵"的"几"在上方，要写得扁。特别要提醒的是，"朵"的第二笔是横折弯，不是横折弯钩。

（2）学生用手在空中书写，教师强调笔顺和写字姿势。

（3）学生在田字格里写一写，教师巡视指导。

（4）学生评价，展示书写正确、美观的作品。

3. 指导书写：鱼、台、放、美

（1）出示课件，说说你的发现。（课件出示："鱼"的象形字）

（2）教师小结。

（3）学生用手在空中书写，教师强调笔顺和写字姿势。

（4）学生在田字格里写一写，教师巡视指导。

（5）学生评价，展示书写正确、美观的作品。

第二课时

（一）复习导入，温故知新

1. 巩固知识

（1）上节课，我们在《荷叶圆圆》这篇课文中新认识了12个生字，我们来复习一下，看看大家是不是还认识。（课件出示生字）指名读、齐读。

（2）这些生字出现在课文的哪些词语中呢？请你们快速读课文，把这些词语找出来。（要求学生从书中快速找出词语）

2. 理解交流

课件出示，内容此处省略。

（二）朗读课文，读懂内容

1. 思考交流，完成练习

（1）读课文，连一连。（课件出示）

（2）学生交流：说说这样连的理由。

2. 朗读体会，逐步指导

教师引导：读第2自然段，体会文中描写小水珠躺在荷叶上的情趣。

（1）学生自由读第2自然段。

（2）指导学生想象：一是想象自己在摇篮里躺着的感觉；二是把自己当作小水珠，想象自己躺在荷叶上面，微风一吹，荷叶轻轻摇动，自己在荷叶上快活地滚来滚去的情景。

（3）学生交流自己想象出来的美好情景。

（4）指导朗读，读出小水珠愉悦、惬意的心情。

3. 学以致用，自读想象

教师引导：读第3～5自然段，想象"立在停机坪上展开翅膀""蹲在放歌台上唱歌""笑嘻嘻地游来游去，捧起一朵朵很美很美的水花"的美好情景。

（1）参照想象小水珠在荷叶上的情景，选择自己喜欢的角色来想象一下：假如你是×××，你的心情是怎样的？

（2）学生自己选择角色，自读课文并想象，然后全班交流。

（3）指导学生朗读第3～5自然段。

（三）角色扮演，拓展提升

1. 分角色朗读

（1）全班同学分角色练习朗读：男生读旁白，女生读小水珠、小蜻蜓等说的话。

（2）分别请4位同学扮演小水珠、小蜻蜓、小青蛙、小鱼儿，其他同学读旁白，练习朗读。

设计意图：出示生字"摇、蹲"，学生就做出摇、蹲的动作。这样就能调动学生的手、口、脑、耳等多种感官，加深对生字意思的理解。

2. 指导背诵

（1）教师引导，学生练习：边看图边尝试背诵。

（2）检查背诵情况。

设计意图：指导学生进入角色，戴着头饰入情入境地朗读，加深对课文内容所蕴含的情趣的体会。锻炼学生的自学、想象能力，为有感情地朗读课文打下基础。

3. 拓展提升

（1）说话练习：还会有谁喜欢荷叶？它们会把荷叶当成什么？它们会有怎样的表现呢？（课件出示：蝴蝶、蜜蜂等小动物的图片素材）

① 教师引导，学生练说："荷叶是我的_____。"

② 指名回答。

（2）读一读，写一写。

课件出示：荷叶的图片和苹果的图片

【板书设计】

荷叶圆圆

小水珠	摇　篮	躺
小蜻蜓	停机坪	立
小青蛙	歌　台	蹲
小鱼儿	凉　伞	捧

【作业布置】

1. 基础作业

（1）有感情地朗读并背诵课文。

（2）口头给生字组词并书空生字笔顺。

2. 连一连（课堂上当堂完成连线任务，加深对课文内容的了解）

小水珠　　　　小蜻蜓　　　　小青蛙　　　　小鱼儿

停机坪　　　歌台　　　凉伞　　　摇篮

3. 仿照例子，说句子

例：荷叶圆圆的，绿绿的。

苹果_____，_____。

设计意图：通过多种生字、词语的练习来复习巩固本课中出现的生字、词语。再利用连线的方式，让学生更加熟悉课文内容，加强对课文重点词句的理解及语言表达的训练。

【教学反思】

《荷叶圆圆》是一篇语句优美、轻快活泼的散文诗。诗中描写了圆圆的、绿绿的荷叶。荷叶是小水珠的摇篮，是小蜻蜓的停机坪，是小青蛙的歌台，是小鱼儿的凉伞……

一年级学生识字的一个特点就是"认得快，忘得快"。因此，在识字教学中，对生字的识记我采用多种方式，反复识记。在本堂课中，首先是初读课文中的读准生字，到读准三个动词（摇、停、蹲）的音，给三个字（嘻、翅、晶）组词，开火车读，再加上动作识记，又回到课文中整体感知，让学生在不同语境中识记生字。通过这样多种形式地反复训练，使学生对生字的识记得到了巩固。

为了激发学生的学习兴趣，在课堂中，我以"小伙伴在说什么悄悄话"引发学生自读课文，在整体感知部分，出示"青蛙""蜻蜓"图片，创设情境"飞飞，谁是小蜻蜓"，学生很乐意变成蜻蜓，读读蜻蜓的话。

为了让学生整体感知课文内容，导致课堂教学时，没有突出重点段落的学习，原本设计青蛙的话，结果在教学时，只是多读了几遍，并没有深入挖掘。荷叶圆圆的、绿绿的。"圆圆的、绿绿的"叠词的运用，让学生感受到荷叶的可爱，从而加深了学生对荷叶的喜爱之情。在学生读正确、读出喜爱之情后，进行"（　　　）的"的句式训练。

课后，有老师告诉我，"亮晶晶、笑嘻嘻"这些ABB式的词语，也可以让学生找找，进行积累。我在教学时，只是组词，并没有让学生积累。如果从小培养学生学习语言、积累语言的好习惯，相信学生的语文素养一定会提高很快。

这节课的写字教学我让学生先学会观察它的结构，学生说出左右结构，以及在书写时应该注意的笔画，接着看老师范写，再自己动手写。这样的写字教学不够扎实，写字环节没有创设情境，观察不够到位，学生书写后，没有进行很好的评价反馈，也没有发现不足和进行修改的机会和时间。

（新疆生产建设兵团第十师一八四团第二中学钱珠凤撰）

《自相矛盾》教学设计

【课程要求】

本单元的语文要素是"了解人物的思维过程，加深对课文内容的理解。根据情景编故事，把事情发展变化的过程写具体"。

"阅读是运用语言文字获取信息、认识世界、发展思维、获得审美体验的重要途径。"（阅读实施建议）阅读是发展思维能力的重要途径，读思结合，思维能力的发展是依赖于具体的载体，就是课文中具体的故事，生活中具体的情景。"在阅读中了解文章的表达顺序，体会作者的思想感情，初步领悟文章的基本表达方法。"（学段目标）本单元习作要求创编故事，并把事情发展变化的过程写具体。这要求我们要以阅读为抓手，从阅读中找规律，在理解和领悟中总结与归纳方法，并尝试在习作中运用。

【教材分析】

五年级下册第六单元第15课《自相矛盾》，选自《韩非子·难一》，作者是韩非子。本课反映了他在哲学方面的成就。他提出"参验论"，认为这是检验真理的唯一标准。"参"是比较研究，"验"是证实。这一理论呈现了完整的思维过程。学生在三、四年级学习的观察、思考、预测的基础上，进行分析、比较并进行验证。

【教学目标】

1. 掌握本课生字，正确、流利地朗读课文，背诵课文。

2. 能够结合注释，用自己的话讲述自相矛盾的故事。

3. 了解人物思维过程，明白"其人弗能应也"的原因。

【教学重点】

了解人物思维过程。

【教学难点】

明白"其人弗能应也"的原因。

【教学课时】

2课时。

【教学准备】

课件。

【教学过程】

第一课时

（一）游戏导入新课

（1）师：同学们，今天老师给大家带来了一个游戏——看图猜成语，出示图片，指名猜谜语。

师：看来同学们对于成语的掌握非常熟练。

成语故事：画蛇添足、狐假虎威、揠苗助长、亡羊补牢、守株待兔、凿壁借光。

（2）师：同学们，上面的这些成语中，不但讲述了一些小故事，还告诉了我们一些大道理。（板书：故事——道理），这就是我们非常熟悉的一种文学体裁——寓言，那么回顾我们学过的寓言故事，它们都有什么特点呢？（想象，每一个故事有一个道理）

师：正如刚才这些同学所说的，寓言最大的特点就是用短小而又精练的语言来展现深刻的大道理，正所谓言小寓大。今天，我们就来学习一篇新的寓言故事——自相矛盾。（板书课题，齐读课题）

师：我们先一起来认识一下矛和盾。

① 出示"矛"的图片、文字，再配象形文字，引导学生认识"矛"，指

导书写。

　　②出示"盾"的图片、文字，再配象形文字，引导学生认识"盾"，指导书写。

　　设计意图：指导书写，引导学生观察。

　　（二）归纳学习文言文的方法

　　（1）师：矛和盾是古代常见的一种兵器，但我们今天学习的《自相矛盾》一文却是我们平时不常接触的文言文，但是大家不用担心，学贵有法。今天老师就给大家带来了一篇学习文言文的独门秘籍——五读宝典，有了这本秘籍，同学们想要学好文言文可就是轻而易举的事了。想不想知道宝典的内容？下面就让我们走进五读宝典。（课件出示）五读宝典包含初读、解读、品读、延读和诵读，每一读中有不同的要求，请同学们读一读。

　　设计意图：了解学习文言文的方法技巧：初读、解读、品读、延读、诵读。

　　（2）师：了解了宝典的内容，下面我们要抓紧时间实践和修炼了。

　　（三）初读文本

　　师：五读宝典第一读——初读，要求：①用自己喜欢的方式读课文，读准字音，读通句子。②根据符号注意停顿。明白要求了吗？开始！

　　师：同学们读得可真认真，谁愿意读给大家听。

　　（出示带有节奏划分的课文，指名读，小组读，男女生赛读）

　　设计意图：文言文的朗读，要注意除了读准字音，还应注意适当的停顿，节奏划分可以引导学生根据自己的理解划分，然后老师根据情况，适时指导。

　　（四）解读文本

　　（1）师：看来同学们五读宝典第一读已然练成。我们继续修炼第二读——解读，要求：①自读课文，运用借助注释、联系上下文等方法，理解句意。②提出自己不明白的地方。现在开始吧！

　　（2）师：谁愿意来汇报一下你的自学成果？

　　（指名逐句翻译文言文）

　　师：同学们，在学习中，你有没有不明白的地方？

　　（指名说）

　　（3）师：老师和这位同学遇到的问题一样，谁能帮助老师解决这个问题呢？（课件出示——之，带有"之"字的句子）

请同学们先来读读下面关于"之"的解释。

师：那么，谁能帮我解决一下，文章中出现了这么多的"之"，它们的含义都一样吗？（逐一解决）

设计意图：可以找一些简单的带有"之"字的文言文，强化练习。

（4）师：除了上面这些解读文言文的方法，我们还可以通过观看视频来加深对文章的理解。想不想穿越到两千年前？让我们一起到楚国的集市看一看吧。

师：通过观看视频，相信同学们对文意有了更深的理解。五读宝典的第二读——解读，你们也已修炼成功。

第二课时

（一）品读文本

（1）师：读书就像品茶，需要细细地品，慢慢地品，五读宝典第三读就是品读，通过反复朗读来理解文章的寓意。要求：①同桌互读，思考交流：楚人这场买卖的最后结局是什么？楚人的反应是什么？②分角色朗读，领悟寓意。

（2）师：同桌之间，先相互读一读。

师：来汇报汇报你们的讨论结果，指名说。

① 生：他不能回答路人提出的问题。师：原文是怎么说的："其人弗能应也。"

② 师：那么路人提出什么问题，让楚人不能回答？（指名说）

（以子之矛陷子之盾，何如？）

师：这句话什么意思？

（生：用你的矛刺你的盾，会怎么样呢？）

师：原来是路人提出了这样的问题。想一想，此时路人的反应是怎样的，请你用一个词来形容路人的反应。（尴尬、难堪或无地自容）

设计意图：品读环节，更多的是要放手，让学生通过自己的读去理解文本的意思，老师需要引导学生把握如何有感情地朗读，从而有效地体会文本的寓意。

（3）师：同学们，那是什么会让楚人产生这样的反应呢？（指名说：吾盾之坚，物莫能陷也。吾矛之利，于物无不陷也。）

师：楚人在说这两句话的时候，是如何说的？（大声的、骄傲的）

师：那么原文中是如何形容楚人来说这两句话的？（誉之曰）"誉"是什么意思？（夸耀）那你能用夸耀的语气来读一读这两句吗？（指名读）

（4）师：多么骄傲、自豪啊！老师这里也有矛和盾，谁能上台边读边展示你的矛和盾？（指名上台）

设计意图：通过对文本的理解，引导学生表述文言文的寓意。

（5）师：你把你的矛和你的盾夸得这么好，那你的矛刺你的盾，会怎样呢？请同学们和他一起思考，以下这两种情况，请你们来说一说。（指名说）

① 如果"矛"戳穿了"盾"，就说明："矛"很____，"盾"不____。

② 如果"矛"不能戳穿"盾"，就说明："盾"很____，"矛"不____。

师：其实不管这两种情况中的哪一种情况，楚人的话都是不成立的。他片面地夸大了自己矛和盾的作用，出现了不能自圆其说的尴尬场景，这就是自相矛盾。

（6）师：其实早在两千多年前，人们就已经明白了自相矛盾的含义，韩非子记录下这个故事，就是想再次警醒后人说话做事要实事求是，前后一致，请同学们齐读。（寓意：说话做事要实事求是，前后一致）

（7）师：同学们，想不想回到两千多年前，展现当时的情景？来再次警醒后人，请同学们自由结合，分角色朗读课文，再尝试演一演，现在开始吧。

师：看来，同学们五读宝典第三读，品读的修炼已是登峰造极。

（二）延读文本

（1）师：学以致用，举一反三，五读宝典第四读——延读，就是通过我们反复朗读、理解之后来进行运用的。要求：①说说我们身边有没有类似的事例；②帮助楚人设计新的广告词。

（2）师：第一，谁能说说我们身边有没有类似的事？指名说。

师：不实事求是地说话办事，只能让我们自己陷入尴尬、哑口无言、自相矛盾的境地。

（3）师：明白了问题的所在，楚人啊，也特别想寻求大家的帮助，帮助他把矛和盾卖掉，现在需要集合大家的力量，帮助楚人设计广告词，把矛和盾卖掉。

设计意图：广告词的设计，可以给学生一些提示，或者给学生观看一些其他物品买卖的广告词，这样能简化这个环节，学生参与度提高，效率提高。

（4）师：哪个小组愿意上来读一读你们的广告词？指名小组汇报。

① 矛盾并用，天下无敌。

② 矛盾合一，天下第一。

（5）师：在这里，老师要替楚人谢谢大家，相信在你们的帮助下，他的矛和盾一定会卖出好价钱的。

（三）诵读文本

师：五读宝典第五读——诵读，通过反复诵读，达到熟记于心。要求：①用自己喜欢的方式进行诵读。（可根据文言文的韵律打节拍诵读，也可以加上动作进行诵读。）②练习背诵。

（学生展示第一个环节）

师：同学们，读得津津有味，读了这么多遍，可以背下来了吗？请同学们起立，咱们一起来背一背。

（四）学法总结

师：同学们，五读宝典的学习运用，你们所向披靡。《自相矛盾》一文仅仅是文言文中的沧海一粟，期待同学们能在课下继续运用五读宝典去学习更多的文言文。

设计意图：学生多种形式的背诵，可能会放不开，但如果老师能够适时给予示范，这样可以达到更好的效果。

【板书设计】

自相矛盾

言小

故事 ----------- 道理

寓大

【作业布置】

本文的作者韩非是战国末期思想家，法家主要代表人物，后世称他为韩非子。韩非子的文章构思精巧，描写大胆，语言幽默，在他文章中出现的很多寓言故事，因其丰富的内涵，生动的故事，成为脍炙人口的成语典故，如滥竽充数、讳疾忌医、老马识途等，这些故事都收录在《韩非子》一书中，流传至今，名扬天下，课下也希望同学们继续走进这本书，从小故事中去领悟人生的大道理。

【教学反思】

《自相矛盾》是小学五年级下册里面的一则小古文，也是一则寓言故事。主要讲了一个卖矛和盾的人夸赞自己的盾是世界上最坚固的盾，自己的矛是世界上最锐利的矛，他的话前后相互抵触，不能自圆其说。这则寓言故事短小精悍，言简意赅，具有深刻的讽刺意味。像这样的小古文，首先是要教会学生读，不仅要读得准确，还要读出节奏；其次是在读的基础上理解文意，并能够用自己的话讲一讲这个寓言故事；最后是在理解的基础上明白寓言故事所蕴含的道理。

小古文的教学对我来说，一直就是一个难点，以前我都是按部就班先教学生读，然后结合注释理解文意，所以，这类文章往往是我教得吃力，学生学得吃力，往往效果也不太理想。因此，在教学这一课之前，我观看了几个课堂实录，也从这些课堂实录中学到了一些教学小古文的方法，在改变了以往枯燥无聊的教学方法之后，今天这堂课真是给了我一个惊喜，我也想从以下几个方面来谈谈今天的收获。

首先是朗读。小古文的朗读不像白话文，白话文浅显易懂，大多数时候学生都能够知道如何断句，也知道如何把一个长句子读短，可小古文不一样，语意深奥，不理解意思，往往就不能够把节奏读好。而学生的读贵在老师的引导，在引导过程中，有效的评价语也很重要。而这也是我的教学短板，后来，我就去听优质课，在观看这些课堂实录的时候，我就只关注老师对于学生的评价语，把这些评价语写下来，然后就分析，哪些评价语该用在什么地方，用在什么场景。现在，对于评价学生这一块，我自认为还是有一定的进步，之前不像以前那么空洞。

其次是对课文的理解。今天这则小古文的理解，我讲得很少，都是先学生通过自学，然后通过小组讨论，综合小组的意见，最后汇报交流的时候，能理解的他们自己讲，不理解的我再给他们一定的提示，再结合文章的前后文来理解文意，这个环节学生们表现得非常优秀，我也感觉很轻松。

我记得以前有老师说过一句话，一堂成功的课就是孩子们小脸通红，小手一直举，眼睛一直闪亮。如果以这作为成功课堂的标准的话，那么我想，这堂课对于孩子们来说，是成功的；对于我来说，也是成功的。虽然也有些许缺憾，但有缺憾更是一种美，不是吗？

（新疆生产建设兵团第十师一八五团中学李美娟撰）

第四辑
总结为基，反思拓展

2022年兵团中小学教师能力提升培训心得体会

2022年10月29日，在学校的组织安排下，我校所有教师及工作室成员在线上进行了关于"深化教育教学　改革全面提高义务教育质量"的中小学教师能力提升培训。

随着经济社会的发展，我国的教学理念和教学模式发生了巨大的转变。这就在无形之中对我国的教师队伍提出了新的要求。教师作为学生学习道路上的引路人、成长路上的指南针，其个人综合素养直接影响着学生价值观的树立和个人的未来发展，这就决定了学校在教师的日常管理中必须重视且加强教师综合素养提升，为现阶段我国的现代化教育培养合格的老师，尤其是在近年来我国素质教育理念和新课改革的不断推进，对现阶段的教师提出了更多的要求。

一、新时代背景下对教师队伍的新要求

良好的品德。师者，传道授业解惑也。良好的师德是教师的职业素养，更是以德树人、以德育人教育理念下对教师的基本要求，因此，我认为良好的品德是作为教师最基本的职业素养。

勇于创新的勇气。教育是社会的根基，国民经济发展的根本，因此，教育必须随着经济社会的发展而不断创新。作为教师，必须有改革创新的勇气，善于探索的精神，与时俱进，不断更新教学理念，创新教学模式。

二、助力教师专业成长，提升课堂教学质量的策略

搭建良好的平台，增强教师的交流。为了更好地提升教师队伍素质，培养一支新时代有师德、高素质、品行良、善创新的教师队伍，作为学校必须为教师成长搭建良好的平台，助力教师提升业务能力和综合素养。为此，学校可以

通过架构交流平台，促进本校教师与其他学校优秀教师的交流。例如，学校可以通过结对子或挂职交流的方式组织学校的教师与其他学校优秀的教师定期交流学习，还可以以信息技术为载体，通过创建学习群、交流群交流教学心得体会。这样不仅可以提升自己的业务能力，还能在相互学习交流中促进课堂教学模式的创新，从而提升课堂教学质量。

完善人才激励制度，促进教师提升专业水平。新时代素质教育理念下，传统的教学理念和教学模式都发生了巨大的改变，而且教育作为经济社会发展的动力，会随着我国经济社会的发展而不断更新，这就决定了我国的教师队伍必须与时俱进，不断提升自己的专业能力，从而为新时代培养合格的人才。为此，学校可以通过完善人才激励制度，制定以德为核心的教师评价制度。一直以来，受传统教学模式的影响，我国的教师评价制度可能集中在对教师成绩的评价上，这虽然对促进老师创新课堂教学模式，提升课堂教学质量有所帮助，但是忽视了对教师德、勤、劳等方面的评价。如今，我国已经进入新时代，为了通过完善的人才激励制度助力教师成长，学校必须创新管理模式，完善教师评价制度，实现从传统的以绩为核心的评价体系向以德为核心，以课堂教学评价为中心，覆盖整个教学体系的完善评价制度，这样才能不断激励教师自我提升，不断创新，实现新时代背景下教师队伍专业能力的提升。

加强培训，提升教师专业素质。教师队伍作为引领社会发展的主力军，是国家进步、社会发展、教育创新的领头雁，为了发挥他们引领、促进、创新作用，开展经常性的培训，提升他们的整体素质是关键。首先，组织教师队伍定期培训。学校通过定期或者不定期的培训组织教师学习，学习先进教学理念和教学模式的同时，加强思想道德的建设与提升，尤其是师德师风的建设，这样才能提升教师队伍的整体素质。其次，以赛促学，营造比、拼、学的良好氛围。通过比赛或者向榜样学习，在学校营造良好的学习氛围，从而形成人人争当先锋、人人主动学习的良好教学氛围，从而助力教师专业成长，提升课堂教学质量。最后，丰富学习形式，创新学习载体。为了方便教师学习，学校还可以以信息技术为载体，创设多样的学习方式，如微博、微信，甚至是现阶段许多年轻教师喜欢的抖音、快手等短视频，通过这样的方式不仅满足了当下教师随时随地学习的需求，还能有效增强教师自觉学、主动学的热情，而且对创新课堂教学模式、提升课堂教学质量有着重要的意义与帮助。

　　教师队伍是我国教育行业的主力军和引领者。他们的思想素质和业务能力不仅影响着课堂教学质量，还关系着国家教育事业的发展。为了有效提升教师队伍素质，促进课堂教学质量的提升，学校必须完善人才激励评价制度，通过搭建良好平台，创设多种学习模式，以定期培训的形式，助力教师提升自己的专业水平，从而有效提升课堂教学质量，促进教学模式的创新。

（新疆生产建设兵团第十师北屯中学林海霞撰）

让文化走进语文课堂，让文化浸润孩子心灵

——走进传统节日教学反思

一、活动背景

我国的传统节日是中华民族的美好记忆，是人们日常生活的精华，积淀了博大而精深的文化内涵，传递着我们中华民族感恩、爱国、爱老敬老等优良传统。过节，对于每一个孩子来说都是一件高兴的事，是一个让人感兴趣的话题。但是，中国的节日怎么过，有哪些有意思的好玩的地方，有些学生并不清楚。

统编版语文教材中有许多的中华优秀传统文化、革命文化、社会主义先进文化素材。作为语文老师，我们要让文化走进语文课堂，让文化浸润孩子的心灵。

二、主题活动

我在指导三年级的老师结合课本综合性活动时提出了一些要求，开展了一系列主题活动。

1. 认识传统节日

通过课前调查、收集资料，并进行整理、记录，学生对传统节日有了较多的了解，能准确地说出传统节日的名称及日期，使学生在实践中得到问题的答案，提高自我学习和概括的能力。

2. 传统节日的风俗习惯

课前，学生通过查阅更多的传统节日习俗的资料，然后进行汇报交流：中国传统节日的风俗习惯。

3. 了解传统节日的传说

每一个传统节日，都有一个动听的传说。课前，让学生查阅了解更多的传说故事。课下，把这些传说故事讲给别人听。让学生运用已有的生活经验，再根据自己查找的资料，对传统节日产生热爱的情感，并从中感受到中国悠久的历史，灿烂的文化。

4. 在实践活动中感受传统节日

（1）用自己喜欢的方式表达对传统节日的喜爱。

（2）学生以小组活动形式展示。

此环节体现小组合作，共同学习的精神。学生通过歌舞、绘画、手工等形式，表达出自己对传统节日的喜爱，使课堂充满和谐、愉悦的氛围，也使学生的个性爱好得到发展。

展示的形式有手抄报、节日小报、传统节日诗歌朗诵、传统美食品尝等。

5. 活动延伸

让学生研究我国少数民族的节日，激发学生浓厚的兴趣，培养探究意识。

三、结语

通过一系列活动的开展，学生不仅了解了很多与节日相关的风俗习惯，而且在动手参与过程中进一步感受到节日的快乐，使他们在尊重我国优秀传统文化的基础上增强他们的民族自豪感，受到爱祖国、爱生活的教育。

（新疆生产建设兵团第十师一八八团第二中学汪雪撰）

关于阅读教学的思考

——听史亚琴老师讲座心得

今天我认真聆听了史亚琴老师的讲座《如何在"双减"背景下准确定标，提质增效》。

在史老师的授课过程中，注重跟学员的线上互动，激发大家的兴趣。关于阅读这个话题，给了我很大的启发。

其中，由史老师讲的阅读内容让我联想到了温儒敏先生在《语文讲习录》中说的一段话："语文能力的综合培育，理解、感觉、体验、察悟，包括语感，主要靠在大量阅读中去逐步习得。这就是'涵泳'，浸润式习得，语文阅读教学最佳的境界。语文课要想办法让学生多读，尤其是诗词课，还有文言文的课，更要求阅读主体的融入，没有反复阅读，那情味就出不来，语感就出不来。集体朗诵也有必要，但不能代替个人的默读，如果缺少个人的阅读体验与感觉，没有个性化的阅读，而教师讲得太多、太细、太零碎，就可能破坏'涵泳'的感觉。现在最需要改进的就是增加学生阅读时间，让学生在默读与细读中咀英嚼华、涵泳浸润。小学阶段特别是低学段，可以多一些集体朗读，到了中学，特别是高中，就要更注重默读、浏览与快读，让学生有机会静下来自己去读，进入作品世界，在感受、体验和想象中得到熏陶，提升审美能力。"

是的，在平时的阅读教学中，我经常只会注意备课内容本身，而忽视了给学生阅读时间，让他们在默读与细读中品析文章。缺少了朗读、默读和细读，学生就丧失了在文本中"涵泳"的语文能力。结果就会导致，当我给学生一篇文章让他们读，或者一本书让他们读的时候，他们会觉得很困难。以前，我经常会把问题归咎于学生懒。但是直到看了温儒敏先生的书，今天听了史老师的讲座我才找到了答案。

不同学段要有梯度。小学一、二年级，阅读教学主要还是激发兴趣，让学生开始接触阅读，喜欢阅读，感受阅读的乐趣，能够多多少少做到结合上下文和生活实际了解课文中词句的意思。一开始最重要的就是尊重天性，培养"兴趣"。到了三、四年级，开始学习默读和略读。做到不出声，不指读；粗知文章大意，能联系上下文，理解词句的意思，体会课文中关键词句表达情意的作用。而到了五、六年级，阅读才有速度要求，要让学生学会浏览，能初步阅读叙事性作品。

基于此，在今后的阅读教学实践中，我会多安排安静时间让学生静下心来阅读，并从中感受阅读的乐趣。我打算，下学期要致力于阅读教学教研，从教的方面和及时评价等方面来促成学生阅读能力的提升。

（第二师二十一团中学李迎春撰）

兵团中小学、幼儿园教师继续教育
项目学习心得

"身正为范，博学为师"是教师职业道德的具体体现。以身作则，身教胜于言教；教师的一言一行，都是在从事教育工作。卢梭说过"在敢于担当培养一个人的任务以前，自己就必须造就一个人，自己就必须是一个值得推崇的模范"，这是"身正为范"的诠释。

作为一名教师，首先要有强烈的责任心。教师教书育人应是面对全体学生。我们踏进校门的那一天起，便对每一名学生负起责任，必须关爱学生、尊重学生人格，促进他们在品德、智力、体质各方面得到发展。

其次要以身作则。教师的言行对学生的思想、行为和品质具有潜移默化的影响，教师的一言一行学生均喜欢模仿，这将给学生成长带来一生的影响。因此，教师一定要时时刻刻为学生做出好的榜样，凡要求学生做到的事情自己首先做到，坚持严于律己。

再次要尊重学生。每一位学生都渴望得到老师的理解和尊重。我们要把学生当作平等的人看待。只有我们把学生看重了，学生得到老师的尊重，他们才会尊重老师，愿意跟随教师学习知识。

最后要不断提高教学能力。教师有"一桶水"才能让学生接受"一碗水"，特别是职业院校专业教师，知识面要宽，专业知识要深，实践能力要强。职业院校教师的"博学"，不仅仅是指理论知识，更重要的是实践技能；不但要讲得好，而且要做得好。

在本次继续教育学习期间，我深深地感到了新的教育观念的冲击。这个冲击来自每一位认真授课的老师，他们精彩、深刻的汇报让我吃了一顿营养丰富的理论大餐，并引发我不断反思，从他们身上我学到的远不只是专业的知识，而更多的是他们执着于事业、严谨勤奋、潜心钻研、孜孜不倦的高品位的生命形式和作为教师、学者的闪光的人格魅力带给我的感染。在这里，我开阔了眼界，拓宽了思路，转变了观念，能站在更高的层次上反思我的教育，能更严肃地思考我所面临的挑战。我意识到了自己身上的责任重大，更意识到了树立新的教育观、教学观、教师观、学生观的重要意义，也意识到了在今后的教育生涯里我要不断学习、不断充实自己、完善自己。

（可克达拉市第一小学梁蓉撰）

《夏日绝句》教学反思

在部编版小学语文四年级上册第7单元第21课《夏日绝句》的过程中，我认为有以下几点值得反思：

（1）诗歌背景的理解。在教学过程中，我花了大量的时间让学生理解诗歌的背景和作者的创作意图。然而，我发现有些学生仍然对诗歌的背景感到困惑。这让我意识到，我在解释诗歌背景时可能过于复杂，以后要以一种简单易懂的方式来解释。

（2）诗歌鉴赏的引导。在教学过程中，我引导学生通过朗读和讨论来理解诗歌的意境和情感。但是，我发现有些学生只停留在表面的理解上，缺乏深度。这让我意识到，我在引导学生鉴赏诗歌时可能过于强调技巧和方法，而忽视了引导学生深入思考和感受诗歌的美，要注意这两方面的平衡。

（3）学生的参与度。在教学过程中，我发现有些学生对诗歌的学习兴趣不高，参与度较低。这让我意识到，在教学过程中可能没有充分调动学生的积极性和主动性，要调整方法让他们真正参与诗歌的学习。

（4）教学方法的选择。在教学过程中，我主要采用了讲解和讨论的方式，但我发现这对于一些学习能力强的学生来说可能过于枯燥和乏味。这让我意识到，应该尝试更多的教学方法，如角色扮演、创作练习等，以激发学生的学习兴趣和积极性。

总的来说，我认为在教学《夏日绝句》的过程中，我需要在理解诗歌背景、引导诗歌鉴赏、调动学生积极性和选择教学方法等方面进行改进。

（新疆生产建设兵团第十师北屯中学热孜古丽·苏来满撰）

《杨氏之子》教学反思

本单元"单元导读"部分篇章页的上半部分是莎士比亚的名言：幽默和风趣是智慧的闪现。这句名言点明了本单元的主题，即感受幽默风趣的语言。针对本单元学习的语文要素，本课的教学不仅要帮助学生读懂本文，积累运用，在此过程中还要指导学习方法，体会文言文的特点，培养学习兴趣，还要引导学生品味文中人物，特别是杨氏子的语言的精妙，学习用得体的语言进行表达。

课堂学习要真正发生，就要打开学生的精神世界和经验世界。刚进入陌生教学情境的学生，需要教师帮助他们卸下心理上自动产生的防御机制。让学生有课堂安全感比什么都重要，在我的第一个教学环节中，板书课题，反复读课题，本意是想让学生通过老师的提示用不同语气读课题，感受语言的不同表达效果，但由于课前的导入太过于平淡，没有激发学生参与课堂的积极性，少了这份课堂的安全感，导致学生没有读出我想要的效果。

文言文的读，必须扎扎实实，从严要求，力求正确流畅。诚如朱熹所言："要读得字字响亮，不可误一字，不可少一字，不可多一字，不可倒一字，不可牵强暗记，只要多诵数遍，自然上口，久远不忘。"小学文言文的启蒙学习，首要是读正确。教师要放下身段，亲自示范，让学生在教师的琅琅书声中感受文言文的音韵及文本的魅力。本节课我的范读使学生感受到断句的重要，文言文就是要读出节奏。通过放声朗读，可获得对文章整体的初步感知。

随着课堂的推进，朗读需与文本理解、情感体验交融进行。实现读中体验、读中求义的目标。本课教学，我力求体现自己一贯提倡的游戏精神。在与学生互动中感受"应声"的意思，从而体会杨氏子的反应快。

在学生兴趣盎然时，让学生运用刚才的方法去自学《徐孺子赏月》，目的是体会文言文语言的精妙和徐孺子回答的巧妙，鼓励感兴趣的学生去阅读《世说新语》。这个环节的教学，我留给学生思考的时间不充分，学生的理解不到位，流于形式，没有达到预期的目的。

　　总之，这节课有收获，也有许多的不足。"玉不琢，不成器"，虽说课堂教学永远是一门遗憾的艺术，但是今后我会努力不断尝试各种方式，弥补遗憾、缩小遗憾。

（三坪农场学校侯东梅撰）

《正确使用标点符号》教学反思

一、学生不能正确使用标点符号的原因

在实际教学中我发现，学生的看图写话中标点符号的错误实在是太多了，批改时特别头疼。很多学生没有使用标点的意识，总是喜欢乱用，甚至一句逗到底，给批改带来很大的麻烦。改完后，下次依然如此。至此，我就在思考，到底是哪里出了问题呢？仔细翻看学生的本子，我就发现了很多方面的错误。

首先，学生没有使用标点符号的意识，不重视标点符号。学生没有意识到标点符号在写话中所起到的特殊作用，甚至以为可有可无。因此，在写话时就乱用一气。翻开学生的本子，时常会见到一些一个标点符号都没有的文字，让人很难读懂。

其次，学生没有掌握好每种标点符号各自不同的功能。一段话只用逗号和句号把句子隔开就行了。所以有些学生的看图写话几乎看不出使用标点符号的意义。

最后，学生大多没有在看图写话中正确使用标点符号的良好习惯。他们即使能记住老师的要求使用标点符号，但也是随意标上去的，一句话还未讲完，他就用了句号。还有很多孩子会把句号写成黑点，把逗号写得很长，引号和其他标点符号混合用的时候。如何占位占格，每一行的第一个格子可以用哪些标点，这些问题都只是在教学中渗透，并没有安排课时专门讲解。

二、在教学中培养学生正确使用标点符号的习惯和能力

作为语文老师，应注意从小培养学生在写话中正确使用标点符号的习惯和能力。标点符号在一年级开始接触，针对这种情况，我觉得非常有必要做个标点符号再专题训练。因此就设计了《正确使用标点符号》专题教学，针对标点

符号在使用中的问题来进行专项突破。

1. 游戏激趣，贯穿教学始终

兴趣是人们积极主动地认识客观事物的一种心理倾向，是一种强大的内驱力。学生一旦有了兴趣，就会自发地把心理活动指向学习对象，并对此充满热情。标点符号本来是抽象、枯燥的，设法变抽象为形象，化枯燥为生动，使学生喜欢它，记住它，自觉应用它。为了让知识更容易被小学生接受，我在教学的各个环节都设计了趣味故事，激发学生的学习兴趣。

2. 谜语儿歌的巧妙使用

在学生初步认识了解标点符号时，我尽量给学生做形象讲解，并辅以顺口溜让学生便于记忆。例如，问号似耳朵，叹号竖杆头朝下，省略号六点依次打。在学生记住各种标点符号名称基础上再了解它们的特点和作用，然后逐步提高要求，结合课文内容引导学生理解标点符号在文句中的妙用，学生就会觉得具体实在，生动易懂。在本次教学的中间环节"认识标点符号的作用"，我设计了两个有趣的环节，不是采用老师讲解的方式，而是采用"猜谜语"这一活动，引导学生对标点符号的作用进行回顾，在猜谜语过程中巩固了标点符号的作用和写法，唤起了学生对知识的记忆，学生参与的积极性很高。

3. 故事的生动引入

课堂上，学生讲述平时收集到的与标点符号有关的故事，以激发学生的学习兴趣，教育他们重视标点符号的学习和应用。比如在导入环节中，我采用了学生喜欢的"讲故事"法导入，至此，引出本次的课题"正确使用标点符号"。这样的开课，既生动又有趣，学生印象尤其深刻。讲练结合，边学边练。学了立即练习，既是对学习的检测，又是对知识的巩固。因此在本课的学习中，我一直都巩固每个知识点。例如，在文中找出自己书写中的错误，让学生把学到的知识点马上进行运用，然后进行综合性的练习，巩固了错误较多标点符号的用法，让学生加深了印象。

（北屯镇小学李健英撰）

《夏天里的成长》教学反思

　　《夏天里的成长》是一篇精读课文。这篇文章是一篇说理性小散文。作者用简洁朴素、清新优美的语言描绘了在夏天里万物生长的自然现象。开篇以"夏天是万物迅速生长的季节"这一中心句引领全文，结尾点明中心，收束全文。启迪我们："人也是一样，要赶时候，赶热天，尽量用力的长。"通过教学，我收获颇丰，分享如下：

一、教学效果

　　本课围绕教学目标，我取得了以下教学效果：

1. 我为文本创设了应有的教学情境

　　本文语言浅显、通俗易懂。例如，课文中讲到了竹子高粱，讲到了小猫小狗，讲到了小学生和中学生，这都与学生的生活关系比较紧密，是学生比较感兴趣的事物，很容易吸引学生，在情感上与作者产生共鸣。因此，教学时我积极创设了情境，把学生带入文本，学生有了学习的积极性，对学习的渴望会更强烈。

2. 学生是活生生的人

　　他们是有着自己独特的情感的，这种情感被称为个性。那么，在教学过程中，我会让每个学生的个性都有所彰显，关注学生的个性发展。在教学中，对于学生个性化回答，我会及时分析引导，既保证激发学生学习的积极性，又抽丝剥茧，引导学生真正理解文本的内涵。

3. 把握重点，体会道理

　　学生们通过读这些浅显的语言和通俗易懂的谚语——因为之前教学中充分理解了谚语的意思，从而理解了最后一句话的含义，突破了本课的难点。

二、成功之处

（1）教学过程中，我引导学生进行自主探究、合作交流。学生通过默读课文，体会夏天是万物迅速生长的季节，边读边用笔画画、写写，找出作者描写了夏天谁在成长，它们有什么特点。这一环节的教学培养了学生独立学习、自主感悟的能力。

（2）通过设计问题"夏天还有哪些生物生长迅速，你能仿照课文的句子说一说吗？"引导学生抓住文中列举的几种事物和表示时间的词语，体会夏天动植物成长迅速的特点，最终使学生明白因为文中选取了具有代表性的事物，并抓住事物的特点进行描写，给人留下了深刻的印象。

三、不足之处

虽然这一课对于课文的分析比较多，课堂气氛活跃，但我觉得还有一个不足之处，即没有进行拓展。对于本课的诗的题材，我们可以让学生试着写写，培养学生的创造性，使学生对文本的感知上升到新的层面。

四、改进措施

如果重上这节课的话，我会在之前成功经验的基础上，最后设计一个环节——拓展写诗的环节，给学生列出大概的要求，仿照文本，让学生自己练习写诗，增强学生的书面表达能力，培养学生的创造性。

（新疆生产建设兵团第九师小白杨中学王婧撰）

《陶罐和铁罐》教学反思

　　《陶罐和铁罐》是部编版小学语文三年级下册第二单元的一篇寓言故事。讲的是国王御厨里的铁罐自恃坚硬，瞧不起陶罐。陶罐却没有与它计较。埋在土里许多年以后，陶罐出土成为价值连城的文物，铁罐却被氧化，不复存在。让学生明白其中的道理：每个人都有长处和短处，要善于看到别人的长处，正视自己的短处，相互尊重，和睦相处。

　　我执教的是第二课时，第一课时里学习了字词，了解了课文主要内容。第二课时的教学目标是通过多种形式的朗读及小组合作学习，抓住关键词句，学习陶罐和铁罐对话、神态的描写，了解铁罐的傲慢无礼和陶罐的谦虚而不软弱，从而明白其中的道理。纵观整堂课，我主要围绕以下四个环节展开：

一、抓对话

　　课文简单易懂，生动有趣。在教学中我放手让学生自读，在自读感悟的基础上，再做适当的指导。引导学生抓住陶罐和铁罐之间的四次对话，以及表现陶罐和铁罐说话时的不同神态、语气，体会它们的不同内心活动。例如，第一次对话里"你敢碰我吗，陶罐子！"能够看出铁罐的自以为是，傲慢无礼。通过陶罐的"不敢，铁罐兄弟。""何必这样说呢？我们还是和睦相处吧"能够看到陶罐的谦让宽容。

二、重品读

　　我首先让学生在自读完课文后，检查学生自读的情况。提出问题、组织讨论的方式进行检测：陶罐和铁罐是怎样对待对方的？让学生找出四次对话部分，反复读，根据课文对陶罐和铁罐语言、神态的具体描述，提出自己的看法。例如，铁罐傲慢、蛮横无理；陶罐的谦虚、友善、宽容。在分析完陶罐和铁罐性格之后再指生读、同桌读、小组合作读、戴上头饰读等，通过各种形式的品读来拉近文本与学生之间的距离，让学生走近人物、感悟陶罐和铁罐不同的性格，为后面理解寓意作铺垫。

三、学方法

"授人以鱼，不如授人以渔。"因此，在引导学生抓住人物对话品悟人物性格时，我重在引导学生通过分析第一次对话掌握方法，因为文章主要以铁罐和陶罐的对话展开，读好人物对话，才能更好地体会陶罐和铁罐不同的性格。学生在我的引导之下很快总结出了抓对话主要抓住三点：丰富的提示语、特别的称呼、动人的标点。掌握方法后，学生再自学剩下的三次对话，提高了学生的自主阅读能力。

四、悟道理

在品析人物对话时，采用比较的方法，让学生体会陶罐和铁罐不同品格。教学第二部分，许多年过去了，陶罐和铁罐发生了什么变化呢？在比较中让学生明白：铁罐的可悲下场与陶罐不朽的价值形成了鲜明的对照。进一步让学生领悟：陶罐出土后，依然惦记着以前对自己并不友好的铁罐，从中感受陶罐的善良之美。让学生明白其中的道理：每个人都有长处和短处，要善于看到别人的长处，正视自己的短处，相互尊重，和睦相处。

"生活中还有哪些事物像铁罐和陶罐一样，也各有所长，各有所短？"用这个问题联系生活实际，引发学生在充分理解课文文本的基础上谈见解，说感想，理解课文中蕴含的道理，学习全面地看问题，要懂得多发现别人的长处，正视自己的短处。让学生联系实际，说说生活中这样的事例，明白今后要怎样做才对，使学生潜移默化地受到了教育，提高了学生表达的能力。

在此基础上，再进行阅读的拓展：读课本第20页《北风和太阳》，朗读后说说故事主要讲了一件什么事，并想想故事中的北风和课文中的铁罐有什么相似之处。小故事里也有大道理，推荐阅读《伊索寓言》，进行阅读延伸。

这节课的教学，较好地完成了预设的教学目标，学生们在课堂上学得主动，从学生们的朗读和发言中，能够感觉到他们已经体会到了陶罐的谦虚宽容，也感受到了铁罐的傲慢无礼。这时，明白故事所蕴含的道理自然也就水到渠成了！但是再成功的课堂还是留有不足和遗憾，在这节课中，时间过于紧张、仓促，以致没有把控好前面的时间，后面学生联系实际发言时间不够，很遗憾。作为青年教师，我还要不断刻苦钻研，看更多，听更多，想更多，不断学习来充实自己。

（新疆生产建设兵团第十师一八八团第二中学付伟霞撰）

《圆明园的毁灭》教学反思

    《圆明园的毁灭》是部编版五年级上册的一篇精读课文，课文描述了圆明园昔日辉煌的景观和惨遭侵略者肆意践踏而毁灭的景象，表达了作者对祖国灿烂文化的无限热爱，对侵略者野蛮行径的无比仇恨，激发人们不忘国耻、振兴中华的责任感和使命感。课文语言简洁，结构严谨，构思颇具匠心。写作时，首尾呼应，题目虽是"毁灭"，但主要写它的辉煌，更能激起读者的痛心与仇恨。在教学课文前，我根据课文的特点，制定了教学目标：①认识6个生字，会写14个生字，能正确读写"估量、损失、殿堂、销毁、瑰宝、灰烬、举世闻名、众星拱月、玲珑剔透、亭台楼阁"等相关词语。②正确、流利、有感情地朗读课文，背诵课文。③理解课文内容，了解圆明园辉煌的过去和毁灭的经过，激发热爱祖国文化、仇恨侵略者的情感，增强振兴中华的责任感和使命感。④领悟表达特点，学习与运用搜索、整理资料的方法。围绕目标引导学生扎扎实实地理解语言文字，引导学生把阅读、感悟、想象结合起来深入地理解课文，理解含义深刻的句子，力求突出以下"三情"。

一、惋惜之情

    圆明园是中国"园林艺术的瑰宝，建筑艺术的精华"，它的毁灭是祖国文化史上不可估量的损失，中国人民为之惋惜。圆明园是"当时世界上最大的博物馆、艺术馆"，它的毁灭也是世界文化史上不可估量的损失，世界人民应感到惋惜。

二、赞叹之情

    圆明园"是一座举世闻名的皇家园林"，它的"举世闻名"让我们自豪，值得世界人民赞叹。圆明园建筑宏伟壮观，充满诗情画意，"有如漫游在天南海北，饱览着中外风景名胜""仿佛置身在幻想的境界里"。圆明园收藏着最珍贵的历史文物，是当时世界上最大的博物馆、艺术馆，两处"最"，赞叹之情溢于言表。

三、痛恨之情

这样一座世界上最宏伟壮观的园林，这样一座当时世界上最大的博物馆、艺术馆，竟然在几天之内化成一片灰烬，怎能不激起读者对侵略者的仇恨？英法联军"侵入北京""闯进圆明园""统统掠走""任意破坏、毁掉""放火烧园"，这些词语写出了侵略者践踏人类文化的残暴面目，令人痛恨。

但在教学的实施过程中，我感觉《圆明园的毁灭》再现的毕竟是历史，与学生生活的年代实在太远了，在学生的脑海里这是一个非常抽象的形象思维。学生很难理解和想象这么一座历经几代皇帝辛辛苦苦设计、建立起来的美丽皇家园林就这样在三天的时间里，在英法联军的手里化为灰烬，这是多么令人感到惋惜和可恨，这是我们中国人永远不能忘记的耻辱。为了使学生有一个具体的形象思维，我特意播放了《圆明园》的纪录片，映入学生眼帘的是圆明园的设计、建造、毁灭这一完整的历程，几代皇帝呕心沥血的皇家园林就这样化为灰烬已清晰地印在学生的脑海里，顿时引起了学生们的愤怒，激起了他们对侵略者的无比仇恨之情，告诫他们不要像统治者们的昏庸无能，激起他们发愤图强、热爱科学技术、振兴中华民族的雄伟决心。学生们纷纷在课上谈了自己的体会和感受，是那么热烈、那么深刻、那么感人。

（新疆生产建设兵团第十师一八六团中学贺瑞龙撰）

"潜心教研促成长，奋楫争先向未来"演讲稿

尊敬的各位同仁：

大家好！

教而不研则浅，研而不教则空。按照兵团教科院工作安排部署，兵团小学语文林海霞名师工作室非常荣幸能够跟第一师阿拉尔中学结对共建，同时本次能跟姚军红名师工作室全体成员共同开展线上联合教研活动，也是一次探讨提高的好契机。

教师要让学生由"学会"变为"会学"，由"要我学"为"我要学"。教师在教学过程中成为学生学习的帮助者、合作者、引导者。聚焦"提升自身专业技能，提高作业设计质量"和"加强教研指导，深入课堂开展教学视导"等研修主题，深化教育教学改革，以生为本，扎实有效地开展教研活动，我们一直在不懈努力之中。

本次的主题就是围绕北屯中学和我们小学语文工作室开展工作的一些具体做法跟大家进行汇报，同时也有我的一些尝试，在此抛砖引玉，敬请各位老师指正。

一、整合学校资源，优化校本研训

（1）线上培训，入脑入心。

按照工作计划，组织工作室成员参加线上与线下相结合的学习共计15场，同时，全体成员发挥引领辐射作用组织本校教师进行学习；承办线上展示、研讨课4节：付伟霞、刘盼盼、热孜古丽、周海燕做课；邀请鱼利明、孙静、李尽晖三位专家进行专题讲座；积极参加兵团教科院组织的各类主题教研活动，每次活动后及时完成工作简报、美篇的宣传。

（2）教研活动，丰富多样。

围绕小学语文大单元教学集体备课及二次备课、整本书阅读、多视角分层作业等问题，进行深入探究。组织线上读书分享2场。组织"课堂观察研修模式"线上专题研讨4场。

（3）校本培训，夯实基础。

督促并鼓励全体成员养成撰写教育故事、课后反思、教学随笔的习惯，为成为研究型、学习型教师奠定基础。

二、落实教研常规，提高研训实效

有效落实中小学教师"教学六认真"基本要求（认真备课、认真上课、认真批改作业、认真测评、认真辅导、认真组织课外活动），提高研训实效，促进教育优质发展。①每周扎实开展一次教研活动，落实各学科年级组集体备课工作。②教研与三个课堂相结合，每学期各学科教研组开展至少4次课堂教学专题听评课研讨活动。③做好同课异构工作安排，每学年任课教师上不少于1次公开课。④通过组织教师参加继续教育、外出学习（或国培）等路径，以学术交流与研讨为平台，锻造教研团队，激发教研活力。⑤教研组长要做好本学期教学教研工作计划和相关活动方案，学期末撰写教研组工作总结。

三、推进课堂改革，优化作业设计

以国家"双减"政策为指导方针，提高作业设计质量，发挥作业诊断、巩固、学情分析等功能，因材施教，分层设计作业，落实高效课堂，推进课堂改革。

1. 强化政策解读与落实

一是深学细悟"双减"政策，坚持定期学、定期研、定期测、全覆盖，进一步提高政治站位，吃透文件精神、把握核心要义，既要防止受"有负不减"，又要避免简单粗暴"一减了之"。以教研组为单位，以集体备课为抓手，分工合作，重点研究学困生作业设计。

二是突出重点环节，加强对课程、教学、作业等育人关键环节研究，将作业设计等内容纳入2022年教学设计大赛主题，做到精心设计作业、精选作业内容、精确作业数量。作业设计原则：适合为准，基础为重。

三是丰富"校本课程"，突出素质教育和特长发展，创新教学组织形式和教育教学方式，大力提升教育教学质量，推动"双减"政策落实落细落地。有效推进"一堂清"，以当堂作业的形式检测学困生学习效果，推进课堂改革，落实高效课堂。

2. 积极落实师市义务教育学校作业管理细则（试行）

一是强化责任落实，校长作为作业管理第一责任人，定期深入调查研究、反馈整改，以教研室教导处、教研组（备课组）、班主任为核心的学科教师团队三级作业统筹管理机制，发挥班主任在班级教师团队中的核心作用，协调作业结构，严控作业总量及时间。

二是细化管理措施，落实校内作业公示制度和质量评价反馈制度，坚持将作业设计纳入集体备课的范畴，实现作业差异化布置，每学期至少开展1次优秀作业设计和案例评选，促进师域内优质作业资源共建共享。

三是综合评价反馈，积极探索一、二年级无纸化综合测评，注重学生习惯养成、思想品德、身心健康、艺术素养等综合性评价，其他年级严格规范考试管理。

四、抓好学科建设，提高教研能力

1. 积极开展集体备课和二次备课工作

一是聚焦兵团中小学教学常规管理要求，对照第十师北屯市中小学教学常规管理评估细则（试行），发挥义教联盟、学会理事会和名师工作室作用，坚持"以强带弱"，避免"单向输出"，合理分配备课任务到每一位学科教师，备课教师要备详案、备课前说课、备作业设计、备课件并及时上传备课资源库。备课组每学期集体备课次数不少于14次。

二是中小学超前一周备好课，学校定期、不定期对教师的集体备课和个人备课教案、作业设计等情况进行检查，强调学科教师要坚持二次备课，注重教学反思与研讨，每学期至少撰写2篇有质量的教学反思、案例。

三是坚持每月线上调、听、评课制度，落实学校领导巡课和推门听课，积极开展教学听评课工作，积极打造"高效课堂"，提升教学实效。每学年教研员听课不少于150节，校长不少于60节，教学副校长和教研主任不少于120节。

2.提升课后服务质量

一是因"生"制宜完善"一校一案"，合理分配教育资源，根据学生情况，选优配齐课后托管教师，认真撰写托管课教案，进一步规范校内"5+2"课后托管服务。

二是确保课后"真辅导""真活动"，指导学生在校内完成大部分书面作业，为不同学生真正答疑解惑、培优辅困，不得变相集体补课、讲授新知。

三是开展丰富多样的科普、艺术、劳动、阅读、兴趣小组及社团活动，帮助学生培养兴趣、发展特长、开阔视野、增强才干，满足学生多样化需求，促进学生全面健康发展。

五、强化教师培训，促进专业发展

一是积极组织中小学教师参加国培计划及继续教育，做好"二次培训"工作。全体教师每学年至少读1本教育学专著、执教1节公开课、主持或参与1项师级及以上课题研究或撰写1篇高质量的原创论文、教学案例、反思等教育教学成果，经评比后，择优在《北中师韵》教师期刊上刊登。（各级各类获奖作品，如教学设计、案例；经验举措如中考研讨等集结成册，供老师们传阅互促互进。）

二是发挥名校长工作室、名师工作室以及教育援疆和各学科骨干教师"传帮带培"作用，助推教学水平提升。

三是加强课题研究。以国家级、兵团级课题研究为引领，以子课题为带动，组织基础教育课题、综合类课题申报，加强对课题组成员的过程管理，提高教师科研能力。

四是推动兵地教育融合，以名师工作室为桥梁纽带，加大兵地中小学"结对帮扶"力度，通过互派教师学习、定期开展教研活动、共同举办培训等，促进兵地教育资源共享、优势互补。

六、做好以赛促教，推进以赛促培

组织中小学教师积极参加各级各类现场课、基本功、教学设计、演讲等比赛活动，大力探索课程改革，交流成功经验，提升教师专业水平和教学质量。充分利用兵师教育公共网络资源，加快"专递课堂""名师课堂""名校网络课堂"三个课堂建设，持续开展"一师一优课、一课一名师"评选，扩大优质教育资源覆盖面，加强网络教学资源建设。

在今后的工作中，兵团小学语文林海霞名师工作室将在兵团教育局、兵团教育科学研究院的引领指导下，各项工作重在"落地"。发展他人，成就自我；赤诚初心，历久弥坚。奋楫笃行，臻于至善；行而不辍，履践致远。

（新疆生产建设兵团第十师北屯中学林海霞撰）

兵团小学语文教师基本功比赛经验分享

林老师、工作室的各位同仁：

大家下午好！

我是第二师二十一团中学的小学语文老师李迎春。我跟大家一样拥有一个大家庭，那就是兵团小学语文林海霞名师工作室。感谢林老师的引领，感恩与大家在茫茫人海之中相遇，同时衷心感谢工作室给我这次与大家进行交流、分享的机会。

现场课大赛和基本功大赛我都参加了，并且均获得了一等奖的好成绩，这些都在我的预料之外。昨天汪老师通知我跟大家分享的时候，这又在我的预料之外。交流什么呢？思前想后，我决定跟大家分享自己参加基本功大赛的经历和感受。因为在说课、讲课方面，我目前有的经验还不足以谈分享，在今后的教育教学过程中我不会不断努力精进。

通过昨天的兵团教研活动，我们都知道基本功主要考核了语文专业知识、书写，包括钢笔字和粉笔字以及朗诵，昨天禹老师也说了其实还包括书写毛笔字、简笔画、多媒体运用等，这些教学基本功是我们每位教师必须学习和修炼的。

一、语文专业知识考试

用时2小时，作为一名教师我也几乎是用了2小时才把考卷答完，反观这次考试我得出以下三条心得：①基础要扎实。从字到词到句子乃至背诵，这些都要过关。②多读书，读好书，好读书。为什么这么说呢？不知道大家有没有关注过高考试卷。在教育改革背景下高考发生了很大的变化，以全国卷Ⅰ卷为例，第一大题是现代文阅读，第二大题是古代诗文阅读，第三大题是语言文字运用，第四大题是写作。如果没有养成良好的读书习惯，恐怕连题都读不完。后续是不是会有中考的变革、小学的变革。实际上，现实已经发生变化了。如果你没有读《海底两万里》，你肯定不知道那位船长叫尼摩；如果你没有读《简·爱》，那你一定不知道简·爱要离开桑菲尔德庄园的原因。这就是我说"多读书，读好书，好读书"的原因。③能写、会写。这里的写指写作，最简单的方法还是读书，因为我就尝试过。诗读得多了就会写诗，小说读得深刻了就能写小说。我的老师就说过我写的一篇文章有作家茹志娟的味道。所以，在这里我主要想告诉大家读书真的会有许多奇妙的收获。

二、书写（钢笔字、粉笔字）

平时，我常把每一次书写都当成是一场与汉字的美丽邂逅，如写听课笔记、日常练习、读书笔记等。时时如此，因此其他老师看到我班学生的字都会说"这是你学生吧"。我想这也是我们教学之所以要修炼学习的终极奥义吧。

三、朗诵

在课程改革背景下，作为一名团场的小学语文老师，大家整天都忙到飞起来，那用什么时间来练习朗诵呢？课堂上，我们有感情地读给学生听，要求学生不加字，不减字，不回读，我也这样要求自己。回家了，在孩子睡前听故事时，用心地读给他听，不仅培养了良好的亲子关系，还让孩子爱上了读书，一举多得。老师们可以尝试，其实我相信大家平时应该也是这么做的。

四、感悟

一是功夫在平时。

二是只有你努力了，岁月才会帮你积淀，机会才会与你不期而遇。

我们是一个大家庭，期待跟大家的线下相聚，面对面共叙"小语人"情怀。以上就是我的分享，感谢大家。有不妥之处，请老师们批评指正。

（新疆生产建设兵团第二师二十一团中学李迎春撰）

部编版语文二年级下册第七单元教材分析

大家好，今天我说课的内容是部编版小学语文二年级下册第七单元教材分析。

一、单元学习主题分析

部编版语文教材，采用的是人文主题与语文要素双线交织的编排形式。本单元的人文主题是改变，语文要素是借助提示讲故事。本单元围绕"改变"这个主题，编排了4篇童话故事和语文园地七，其中有"一波三折，妙趣横生"的故事——《大象的耳朵》《蜘蛛开店》；有因为不断改变，而变得越来越美好的故事——《青蛙卖泥塘》；有因为不断努力，耐心等待，而不断成长的故事——《小毛虫》。4篇课文都是生动有趣的动物童话，虽然题材相同，但都通过不同的侧面去丰富学生体会"改变"所带来的不同结果，产生自己的判断和想法；隐含着"改变"创造美好生活的思想，巧妙启迪学生悦纳自我，热爱生活，用勤劳的双手创造美好的生活。

本单元的核心语文要素是借助提示讲故事，在每课的课后习题中都有具体呈现。例如，《大象的耳朵》一课，借助大象的话，说说大象的想法是怎么改变的；《蜘蛛开店》一课，引导学生借助示意图讲故事；《小毛虫》一课，引导学生借助相关的词句讲故事。每一课都紧紧围绕"借助提示讲故事"这个单元语文要素进行。

单元语文要素在教材中也有衔接：有关"借助提示讲故事"的训练，教材从一年级上册开始，就进行了一些有意的安排。如二年级上册《小蝌蚪找妈妈》，引导学生先按顺序把图片连起来，再借助这些图片讲讲"小蝌蚪找妈妈"的故事；《玲玲的画》引导学生用上"得意""伤心""满意"这3个词语，讲讲这个故事；《大禹治水》引导学生借助相关句子讲讲"大禹治水"的故事。本单元教学要依托学生已有的基础，指导学生借助提示，梳理故事的内容，按顺序讲述故事，不遗漏重要的内容。本单元在讲故事的方法上更加多样化，讲故事支架的使用难度加大。

二年级下学期，学生在讲故事方面，能展开讲，但会遗漏；能接着讲，但会偏题，张冠李戴；能讲完，但会打乱顺序。教师可以引领学生借助提示，就故事内容进行梳理，理清故事顺序，搭建讲故事的支架，使学生借助提示能把故事讲述下来。因此，本单元主要侧重"完整讲述""清楚讲述"和"有条理讲述"。

二、单元学习目标设计

（1）认识"奔、咦"等61个生字，读准多音字"似、扇、喝、尽"，会写"扇、最"等33个字，会写"耳朵、扇子"等38个词语。发现"又、土"等字作左偏旁时的笔画变化，发现"车、牛"等字作偏旁时的笔画及笔顺变化，写好"劝、转"等字。正确流利地朗读课文，读好对话。

（2）能够提取关键信息，借助关键词句、示意图、关键情节、分角色演一演、图文结合等多种方法梳理故事的内容，按顺序讲故事，不遗漏重要内容。

（3）在讲故事的过程中，发展思维，感悟"改变"之趣。结合生活实际，理解"人家是人家，我是我"的意思；发现情节反复的特点，展开想象续编《蜘蛛开店》，发现《青蛙卖泥塘》中青蛙的语言特点，迁移运用向同学推荐一样东西。

（4）积累"生机勃勃、尽心竭力"等词语，背诵《二十四节气歌》。写清楚自己想养小动物的理由。

三、单元整体教学实施

（一）引导学生完整、清楚和有条理地讲述，落实到具体课文中

1.《大象的耳朵》，可以分为四步

（1）借助提示，在文中画出大象和小动物们的对话。

（2）指导朗读每次对话，体会大象心里是怎么想的？想法都是怎样慢慢变化的？

（3）大象后来怎么改变？改变后的结果怎样？最后大象如何决定？

（4）把故事的前因后果讲清楚。

2.《蜘蛛开店》一课，借助示意图讲故事，展开想象编故事，可采用"猜""读""讲""编"四部曲

（1）根据课题猜测故事大意。

（2）初读环节设计问题，抓住关键词句梳理故事情节，感受情节上的相似之处。

（3）借助示意图和故事结构反复的特点，讲好每个故事片段，串联故事。

（4）利用故事结构反复的特点续编故事。

3.《青蛙卖泥塘》一课，分角色演一演这个故事

（1）朗读课文，分角色演一演这个故事。

（2）说一说青蛙为卖泥塘做了哪些事情，最后为什么又不卖泥塘了？

（3）青蛙最后吆喝了些什么？如果向同学推荐一样东西，如一本书、一种文具，你会说些什么？

4.《小毛虫》一课，借助图文提示讲故事

（1）初读课文，抓住故事主线，厘清小毛虫在成长过程中经历的3个阶段。

（2）结合课文插图，找找插图对应的是文中哪些自然段，读读相关段落。

（3）按顺序讲故事，讲的时候用上课文中的词语，加入自己想象的细节进行补充，可以让讲述更生动有趣。

（二）识字写字也是本单元的教学重点

我发现一年级至六年级关于讲故事方面的要求各有不同，每一个学段都有相应的要求。第一学段要求借助图片、关键词语、示意图和表格等，就是借助提示讲故事。第二学段要求学生会详细复述故事或者简要复述故事。第三学段要求学生会创造性讲故事。二年级下第七单元的重点和难点就是要求学生会借助提示讲好故事，这也正是本单元语文要素。那么如何讲好故事呢？就要从识字写字抓起，只有掌握好识字和写字才能更好地读通课文内容，才能借助提示讲好故事。识字、写字是阅读的基础，是第一学段的教学重点。因此第七单元的教学目标还要进行识字写字的教学。①识字方法有看图识字、象形字识字、归类识字、字谜识字、生活识字、加一加换一换识字、生活识字等。②理解词语的方法有联系上下文、联系生活实际等。在识字和写字掌握好的基础上，更好地借助提示讲好故事，从而更深层次地理解课文内容，帮助突出人文主题：改变。让学生真正明白：什么是改变？改变什么？

（三）课后习题

第七单元4篇课文中的课后习题体现了本单元的语文要素。每一篇课文的第一题就是要求我们朗读课文，因此教学中必须突破识字和写字这个目标，只有这样才能朗读好课文。课后的第二、三题，是要求更进一步地讲好故事，体现语文要素借助提示讲故事，读懂后从而悟改变，突破本单元的教学重难点。

四、单元特色说明

（一）创设整体情境，激发兴趣

本单元创设整体情境讲故事大赛，搭建了讲故事的平台，课堂教学中给予学生足够的实践空间。通过分角色演一演、讲一讲等活动，激发了学生讲故事的兴趣。

（二）立足年龄特点，夯实基础

采用多种识字方法，促进学生对内容的理解，重在培养学生正确、流利、有语气地读好课文，为讲好故事打下坚实的基础。

（三）聚焦单元重点，落实要素

纵向梳理精准定位讲故事能力的起点和发展点，横向对比找准语文要素在每篇课文中的落脚点，为本单元的整体教学指明了方向，以讲故事为轴，夯实低年级重点，落实育人价值。

五、"双减"背景下的作业设计

结合单元整体解读，根据细化的阅读、识字写字和写话学习目标，规划整个单元的主要学习活动如下：

（一）挑战阅读

回顾课外阅读的童话故事，如《没头脑和不高兴》《七色花》《丁丁历险记》等，大家分享其中的精彩片段，尝试运用思维导图或者提示关键词等形式分享故事。

（二）小试牛刀，举办讲故事大赛

（1）以"寻找童话故事大王"为主题，开展班级讲故事大赛，学生可以自由选择课内外的短小童话故事和课内续编的童话故事，展示自己的童话故事示意图，借助示意图讲童话故事。

（2）以申报的故事内容为依据，分为课内组、课外组、创作组，进行组内比赛，其他组的成员作为评委投票，选出童话故事大王。

（三）写话练习

"如果可以养小动物，你想养什么？"为主题的讨论，写清楚自己想养小动物的理由，并与小组成员交流分享。

（1）从外形和生活习性等不同角度，写一写自己想养小动物的理由，尽量多写几条。

（2）写好后自己认真读一读，把话写通顺，尽量少写错别字。

（3）写完之后，与同学分享，相互了解想养某种小动物的理由，享受表达、分享的快乐。

（新疆生产建设兵团第十师北屯中学热孜古丽·苏来满撰）

四年级语文下册第四单元说课稿

各位老师：

大家好！

今天我将围绕"立足单元整体，落实语文要素"这个主题进行部编版语文四年级下册第四单元的说课。此次说课是从单元的视角展开，从教材的单元整体出发，重点立足语文要素在本单元的呈现以及如何落实语文要素。我将从以下四个方面展开。

一、教材整体分析，明确语文要素，从教材分析、单元语文要素、具体展开

（一）教材分析

我们部编版教材在单元的设置上是循序渐进的，每一个单元的内容前后都是相关联的，这一单元以"作家笔下的动物"为主题，编排了老舍的《猫》《母鸡》和丰子恺的《白鹅》三篇作品。但课与课之间的侧重点又有所不同，第13课《猫》是从句段的角度出发让学生体验情感。第14课《母鸡》则是从全篇的角度出发，第15课《白鹅》是从词的角度入手去体会情感。课后的"阅读链接"还安排了其他中外名家写动物的文章或片段，意在让学生进行比较阅读，体会不同作家对动物的喜爱之情，这一单元的习作与我们的单元主题一致，学习园地中安排了四项内容，对本单元所学习的重点起到了总结概括的作用。

（二）明确语文要素

第四单元的人文主题是可爱的动物朋友，本单元的语文要素有两个。一是阅读要素：体会作家是如何表达对动物的感情的；二是表达要素：写自己喜

欢的动物，试着写出特点。这一要素在第一单元"初步体会课文表达的思想感情"的基础上，又提高了要求，强调不仅要体会文章所表达的情感，还要关注作家是如何表达的。教材中课后练习、语文园地的交流平台都巧妙地渗透了对表达方法的指导。

在以往的课堂中，我们更多的是关注这一节课的内容，解决的问题也是紧密围绕本课展开。单元整体教学的开展就是让教师站在一个更高的层面，要有全局观。我们在学习第四单元的内容时，既要把握好册与册之间的梯度，又要把握本单元里课与课之间的梯度。我们对体验情感的要求是有变化的，随着年级的增长，学生情感的认知加深，每一个学段也有具体的要求，二年级上册第七单元提出的就是展开想象，获得初步的情感体验。在四年级下册的第一单元和第四单元就提出抓住关键词句，初步体会课文表达的思想感情。这个过程，体验情感的要求是呈上升趋势的，到了五年级上册第六单元就提到了注意体会作者描写的场景、细节中蕴含的感情。情感体验会随着学生认知不断发生变化，会从初步的一个感知向更精细化发展，这种册与册之间的纵向联系、情感的需求变化，最终服务于提升阅读质量。教师在教学过程中，一定要多关注渗透的语文要素在整个小学课本中之间的联系，这对教师来说是一个挑战，我们对教材的把握要多下功夫。

二、单元活动设计

立足单元整体，我们的活动设计就应该是层层包含。活动设计的开展一定是为了完成本单元的教学目标而设立的，是为了突破落实目标而开展的。

（一）单元学习目标

（1）体会作家是如何表达对动物的感情的，感受语言的趣味。

（2）揣摩明贬实褒的表达方式，尝试在说话和作文时，用这种方式表达对某种事物的喜爱之情。

（3）认真观察自己熟悉的动物，能发现它们各方面的特点，并根据学习的表达方式，写出动物的特点。

（4）培养自己热爱生活的情趣，激发观察动物的兴趣。

（二）落实完成目标

目标就是在教学过程中去实现、去达到的。目标落实的途径还要依托于课后的问题。如《白鹅》这一课，引导学生感受作者用具体事实表现白鹅的特点，体会作者对白鹅的情感。在这个问题的基础上，我们就可以完成目标（1）引导学生感受作者利用对比表现白鹅的特点，理解作者利用反语来表达对白鹅的喜爱，目标（2）可以在这个环节上达成。本单元的阅读链接提供了丰富的内容，通过对比阅读让学生体会到，同一动物不同作家写，同一作家写不同的动物，表达上的不同，对文章的写法有所感悟。这就是达到本单元的目标（3）。

在本单元的活动设计中，就课文本身内容来讲，将本单元的内容做一个梳理，从基本信息向更高层次迈进，学生在学习过程中有目标，能提取信息点，对课文内容做到一个整体把握。还可以设置习作评议和思维导图的活动设计，让学生积极参与这些活动，能将自己学到的知识汇成思维导图，这就是一个巩固的过程。在做这两个活动设计的时候，我们要给出具体的标准，让学生先做到自评，自我查找问题，在这个过程中，评价标准也给学生的学习提供了方向。一个单元的学习，通过开展这样的活动，开拓学生的思维，提高学生的能力，开展活动就要有评比、有反馈，这个过程可以让学生取长补短，也为后期的各项活动开展奠定了基础。

对于习作的这部分内容，可以给出我们的习作标准。学生在下笔之前要明确我们的评价标准，学生在习作过程中能紧扣这些评价标准，有目标去习作，对于四年级的学生来说很重要，让学生能根据习作评价内容对自己的自作有一个自评。

（三）阅读要素和表达要素具体落实

我们在学习这一单元的内容时，要从以下四个方面展开：

1. 自主阅读，整体感知

本单元课文结构清晰，层次分明。教学时，可以引导学生自主阅读，抓住关键语句，整体感知课文，了解动物的特点。如《猫》一课抓住"老舍笔下的猫有什么特点"整体感知全文。《母鸡》一课可借助课后练习"画出'我'对母鸡的态度前后变化的句子"，梳理课文脉络。《白鹅》通过"好一个高傲的动物"一句初步体会白鹅的特点，再继续探究课文是如何写白鹅的特点的。

2. 抓住事例，圈画批注

对文中动物的特点，可引导学生循着课文思路，在具体的事例中圈画批注，通过生动形象的语言，体会字里行间蕴含的情感。可运用前后对比、换词比较、反复朗读等多种方法，品读语言的精妙，领悟作者的表达方法。

3. 比较阅读，体会情感

对本单元中同一位作家笔下的不同动物，或者不同作家笔下的同一种动物，要引导学生充分阅读，分组讨论，从文章的结构、语言、情感表达等方面加以比较。通过比较，进一步体会其表达上的异同，感受作家笔下栩栩如生的动物形象，体会作家的语言特色和丰富情感。

4. 小练笔的具体操作过程

"作文是学生认识水平和文字表达能力的体现，是字词句篇的综合训练。"小学作文教学，要求学生在教师的引导下，能把自己熟悉的人、事、景、物，不拘形式，自由写出来，做到说实话，表达真情实感。我们本单元很重要的一个语文表达要素就是以习作的形式呈现出来。对于我们四年级的学生来说，他们具备初步的习作能力，但习作对于大多数学生来说是一个难点。在实际教学中，大多数学生对于习作是有畏难情绪的。习作来源于生活，而我们的学生在生活中所能观察和体验的机会并不多，就说喜欢的小动物，很多家庭并没有养小动物，孩子们获知的渠道只是见过，并没有深入了解。学生获得情感的体验只能寄托于老师的课堂，那我们的3篇精读课文实则就是给学生提供素材，拓展他们的思维。习作不能在最后的阶段一蹴而就，应该在前几篇的课文学习基础上，让学生就其抓住其中的一个点进行片段练习。经过几次这样的片段训练，学生有内容可写，在完成第四单元的习作时，也就会轻松一些。

三、课例展示

接下来我给大家一个具体展示课例。以《白鹅》为例，本节课的活动目标如下：

（1）感受作者对白鹅的喜爱，体会作者是如何把白鹅的特点写清楚的。

（2）朗读课文，感受作者用词的准确生动和风趣幽默，体会语言的趣味。

（3）能说出不同作家笔下白鹅的共同点，体会其表达的相似之处。

对于本课的3个教学目标，我将本课的教学活动从以下三个活动展开：

第一个活动：高傲的动物。在这个环节中，介绍作者的资料，并出示图片（白鹅），让同学们说说丰子恺先生漫画中的白鹅给你留下了什么样的印象？（高傲）学生都能在预习过程中准确地找到。

抛出第二个问题：白鹅的高傲具体体现在哪些方面？在文中找出概括性的句子。学生在明确了问题之后，会很快找出第二自然段，并让学生联系上下文，思考第二段在本文中起什么作用？（中心句，过渡句）

第二个活动：白鹅的高傲具体体现。本课的结构很鲜明，学生根据老师出示的问题可以很快找到相关段落，这个过程就是让学生分别从叫声、步态、吃相三个方面去感受鹅的高傲。

第三个活动：国外鹅。以表格的方式归纳两位作家笔下白鹅有哪些相似之处。

以上内容就是我的一个具体课例的展示。

四、作业设计

新课程改革倡导"以学生为本、减负增效"。除了教学要突出有效性，我们提出的作业设计确实在某种程度上难度很大。我们过往的作业布置仅仅依靠学校配备的练习册，语文学科还有抄写生字词语。作业一向墨守成规，没有针对学生学情去设计作业，而我在设计本单元的作业时，也遇到了难题。对于学生怎么去做好这个分层作业，我将作业分为以下三个方面：

（1）对比阅读其他作家写的动物类的文章体会作者的情感。这个作业对于四年级的学生符合他们的学情。如果说让学生自己去阅读，很有可能这个作业的完成就是虚的，在这个作业的布置上我会给出具体的参考，如老舍的《猫》、巴金的《狗》、丰子恺的《蝌蚪》。有了具体的推荐，学生会更好去完成此项作业，否则就会成一个没有实质性意义的作业。

（2）以思维导图的方式完成课文内容。根据自己感兴趣的一课，做出思维导图设计，这个作业考查学生对文本整体把握的能力，这在作业的难度上进行提升，这个作业的训练会在以后的课堂中运用，学生第一次去做会有不完善的地方，经过长期训练会有很大提升，对孩子以后习作把握有很好的辅助作用。

（3）动笔写出自己喜欢的小动物的特点。第一课小练笔仿写一段自己喜欢的小动物。第二课在第一课的基础上写得更完整一些。第三课在两课的基础上再进行写得更具体，完成本单元的习作。这项作业的难度比较大。四年级的学生虽然对写作有了一定的认识，但抓住特点去写清楚，还是挺难的。我们习作的评价标准在前面的课件中已展示，这个评价标准会让学生在习作过程中，注意自己的内容。

作业设计对于我们目前的一线老师来说还是有难度的。个性化的作业可以激发学生的学习兴趣，但老师们批改或者评价的作业就要多元化。作业的分层定位是很难的，也是我们目前教学中困惑的部分。以上就是我的说课内容。对于单元整体说课还没有固定模式，我也是根据自己的理解，有不到之处还望多提宝贵意见，谢谢大家。

（新疆生产建设兵团第十师北屯中学王玉兰撰）

说课的步骤与方法

各位老师：

大家好！

首先祝贺大家经过层层考核选拔，成功加入了教师队伍，即将走上讲台。刚接到任务时我十分不安，因为作为一线教师的我更多关注上课，除了去年参加过一次师教研室的说课比赛，平时在说课上实在没有太多的研究，所以从接到这个任务开始，我就查阅各种资料，从头学起。今天谈不上给大家培训，只能是把自己对说课的一些想法与大家交流分享，与大家一起学。

一、什么是说课

所谓说课，就是教师备课之后、讲课之前（课前说课）或者在讲课之后（课后说课）把教材、教法、学法、授课程序等方面的思路、教学设计及其依据面对面地对评委、同行（同学科教师）或其他听众做全面讲述的一项教研活动。"说课"有利于提高教师理论素养和驾驭教材的能力，有利于提高教师的语言表达能力，因而受到广大教师的重视，广泛运用于教育教研活动中。此次新教师培训后大家要说课就是"课前说课"的形式，所以我今天重点和大家分享课前说课。课后说课后面也会做一些简单介绍。

说课和上课的区别：

（1）对象不同：上课的对象是学生；说课的对象主要是同行。

（2）内容不同：上课是向学生传授知识、培养能力、熏陶情感的一种教学行为过程；说课是向同行分析教学内容，研讨教学设计的一种教学思维过程。

（3）研究侧重点不同：上课侧重于研究"教什么"和"怎样教"，主要是指教学过程的实施；说课更侧重于研究"为什么这样教"，主要是指为备课过程说理由，摆依据。

二、说课的步骤

（1）教材阐说及学情分析。

① 教材的地位：从地位、结构、内容、教育意义等方面论述本课在本单元、本书中的地位和作用。

② 学情分析：从学生的知识经验、技能态度、特点、风格等方面说清楚学生情况。

③ 教学目标：从知识与能力、过程和方法、情感态度与价值观等方面设计教学目标。

④ 教学重点、难点：在吃透教材的基础上，确定教学重点和难点。

（2）教法与学法说明。

一节课一般以一两种教学方法为主。说教法组合的依据要从教学目标、教材编排方式、学生知识、基础与年龄特征、教师自身特点等方面进行说明。这个过程必须是教法与学法同步的过程。

（3）教学过程说明与演示。

主要说明与演示教学设计的具体思路，课堂教学的结构安排和优化过程，以及教学层衔接与教学环节转换之间的逻辑关系，包括教学的基本环节、知识点的处理、运用的方法、教学手段、开展的活动、运用的教具、设计的练习、学法的指导等，并说明设计的依据。

（4）板书与作业设计。

当前"双减"背景下作业设计是说课的一项重要内容，易多角度设计落地的开放性作业。

三、说课的方法

说课的内容有那么多，如果每一个部分都平均用力，面面俱到准备的话，现场说课就会时间不够，且呈现刻板印象。因此，根据学科、主题特点精心设计说课稿显得尤为重要。当前大多数考核或比赛说课时间为10分钟，实际应该控制在9分钟左右结束，教材和学情的分析应该抓住要点，简洁明了，重点应该放在说清教学流程和设计意图，否则会让听众觉得，走马观花，千篇一律，听不出说课的设计理念，感受不到说课教师的素养。下面我就以语文说课为例来具体说一说说课每个环节的内容和和方法。

（一）说教材（1-2分钟）

说教材一般包括版本、单元、第几篇；文本主要内容及其特色，让听的人了解你要说的课的内容。此内容在本单元、本册教材、整个学段知识体系的位置、作用等。要瞻前顾后，切忌复制教参内容，要有自己对文本的解读，这一部分内容最见说课者对文本的解读能力和功底。比如语文要素这一栏，有"前后勾连""单元分解""本课担当"三个关键词。这就需要我们把这一单元的语文要素和前面几册以及后面几册相关的语文要素，做一个梳理。同时，在这一单元中，本课该承担什么样的任务，要理得清清楚楚、明明白白。

（二）说学情分析（1分钟内）

设计说课稿时，心中一定要装着学生，对学生的认知能力、身心特点，学生对知识的已知、未知、能知、想知、可能遇到的困难等要有所了解。例如，《好的故事》说课中学情分析。（播放视频）

新课程改革提倡先学后教，教师在上课前通常会设计一个课前学习单，通过学习单来更加充分地把握学情，说课时介绍学情前测情况也让学情分析更科学、准确。（播放视频）

（三）说教学目标（1分钟内）

基于对教材内容的分析、学情了解，根据学科要求可以确定教学目标。目标是教学设计的出发点和归宿，对教学活动具有导向作用，目标确定要精、近、小、实。

这里特别要指出的是，教学目标设计，过去一段时间曾非常强调"三维目标"。不少教师在阐述目标的时候，喜欢按照"知识与能力目标""过程与方法目标""情感态度价值观目标"分项呈现。其实，这是不科学的。任何教学目标都是由这三个维度相融合的，绝没有哪个目标是单维度的。而且，现在核心素养时代，也没必要按照核心素养的几个方面点列出。

一般来说，教学目标根据教材特点、学情、按照核心素养维度制定即可。目标不宜太多，2~4点足够了。多了，易分散，不聚焦。

需要特别强调的是，教学目标的陈述一定要准确、规范。

1. 以学生学习行为和学习结果来陈述

也就是说"1. 2. 3."后面，如果加"学生"二字，整个句子是通的，那么这个目标表述是对的。如果加上"教师"，句子读得通，目标表述就有问题了。例如，"激发学生对整本书阅读的兴趣"，这个句子的主语是"教师"，显然，站在教师角度概括教学目标，是不当的，因为这与当前新课程学生为主体的理念不符。切记，一定要以"学生"作为主语（且常常"学生"一词是承前省略的）。例如六年级上册快乐读书吧一课教学目标可以这样描述：

（1）能产生阅读《童年》《小英雄雨来》《爱的教育》的兴趣，自主规划、阅读三本小说，了解小说内容。

（2）能通过人物的语言、动作、心理活动，小说生动的故事情节，典型的环境描写等感受人物形象。

（3）能与同学交流阅读心得，体会成长的快乐。

2. 教学目标最好能体现过程与方法

把学生通过怎样的学习活动、学习方法，掌握什么、理解什么，表述清楚。学习结果，最好能检测。

重难点是教学设计的一个关键，而教学过程是强调重点、突破难点的过程！但时间有限，可以与目标合而为一。

（四）说教法和学法（1分钟）

主要说明老师"怎样教""为什么这样教"，学生"怎样学""为什么这样学"。具体说明将在课堂设计中运用哪些方法，为体现学生主体地位更强调学法的表述，这里可以从大的方面，从宏观来说一下，具体详细可以放在下一个教学程序里说明。如：参与式；讨论式；互动式；体验式；研究性学习；谈话、对话、辩论、调查、情景模拟、亲历体验、小活动等。

（五）说教学过程（学习任务、探究活动）（5分钟左右）

说流程是说课的重要内容，也是时间分配倾斜的主力。这一块最见老师的教学设计能力和教育教学理念特色功底之处。是说课比赛中拉大选手得分差距的关键。这一板块就教学过程的展开与推进——教学活动是如何引入、如何展开、如何结束。这是整个说课稿的核心。我们不妨将这个板块叫作"学习任务及探究活动"。这个板块的核心是讲清楚三点：一是有哪几个学习任务；二是教师怎样带着学生完成学习任务；三是为什么要这样学、这样教。

这里特别强调，过去叫"教学环节"或"教学板块"，如今改为"学习任务"，不是名称的简单更换，而是课堂组织形式的变化。学习任务，不再以教师"教的行为"来命名，而是以学生"学的任务"来命名。每个学习任务的发起者、完成者，都是学生，而不是教师。例如，"学习任务一：进入情境，研究课题"，按过去的写法，肯定是"教学环节一：创设情境，揭示课题"。这样站在教师教学行为去概括，肯定不妥。说法不一样了，角度也要跟着变。"学习任务二：初读课文，整体感知""学习任务三：围绕话题，研究表达"。这一部分一定要有详略，重点、难点要好好说、展开说，细说亮点。说细，不仅仅要说"怎样做"，更要说"为什么要这样做"，强调重点、难点是怎么突破的。这是整个说课的核心，也是说课中最具有个性化的部分。当然，这部分的关键在于有一个好的教学设计。阐述"为什么这样教"时，要结合该学科的一些前沿理论和自己（或他人）的研究成果，结合教育学、心理学知识。

在描述教学细节的时候，说课者完全可以适当地演示教学的情景，让自己的角色从说课者暂时转换到教师，因为这样可以让听者更好地走进你的教学设计，体会你教学可能获得的效果。但是，说课者在整个说课过程中的角色定位应该是与听者平等交流的同事，而与同事分享交流是不宜像对孩子说话的那般表情动作丰富、那般语气语调夸张的。这就要求我们在说课的时候，要依据说课内容迅速转变角色。比较理想的效果：说课者不要让听者觉得自己被当成了学生；但在某个时候，又能让听者真切感受到，说课者作为教师的教学魅力与教学风格。（播放《好的故事》重点突破部分）

（六）说作业设计（课堂评测）及板书（1分钟左右）

1. 作业设计

理论依据：课堂的重难点、核心素养、分层作业，跨学科融合思想等。作业要指向明确，可检查可评价。这部分是当前"双减"工作的重点，说课要涉及，体现特点。当前课改提倡"教学评一体化"，课堂上安排的学生学习效果评价评测也可以在这一部分介绍。

2. 板书设计

板书只作简单介绍，字写得好的可以说流程是当场板书，也可以提前写好拍照展示，字写得一般的可以制作在幻灯片上，时间不够可以不展开说。

四、关于课后说课

（一）定义

"课后说课"是教师按照既定的教学设计进行上课，并在上课后向所有听课教师或教学研究人员阐述自己教学得失的一种说课形式，是建立在教师个体教学活动基础上的一种集体反思与研讨活动。

（二）课后说课的一般要求

课后说课不同于课前说课，课前说课是口头表达本节课的教学目标、教学设想及理论根据，按照"教什么""怎样教""为什么教"展开，侧重于理论认识；课后说课是根据课前说课的教学设计，进行实际课堂操作，通过反馈，总结评价，说出成功之处，欠缺之处，改进之处。是按照"教什么""怎样教""为什么教""教得怎样？为什么会这样？如何改进"的思路展开，侧重于从实践效果的角度分析认识。

因此，课后说课可在概述教学设计理念、教材分析与教材处理、教学方法与教学手段等内容之后（这几个环节都与课前说课相同），在叙述教学程序的过程时主要从以下四个方面进行阐述：

1. 教学达标情况

（1）说明教学目标的达成情况。

（2）根据课堂教学过程中学生的学习情况评价学习效果和教学效果。

2. 教法运用情况

（1）教学中你所选取的若干教学法是怎样实施的。

（2）在各种教学法的实施过程中，学生的学习表现怎样。

（3）运用教学手段突出教学重点的情况。

（4）运用教学手段突破教学难点的情况。

3. 学生活动情况

（1）课堂教学过程中学生学习的参与度如何。

（2）说清语文思想方法的渗透是否到位。

4. 教学实施情况

（1）评价教学设计的教学程序。

（2）分析教学预设与教学实施出现偏差的原因以及相应的对策。

　　课前说课是指教师在备课基础上，在授课之前，面对领导、同行或评委主要用口头语言讲解具体的教学设想及其依据的一种教研活动，它是教师将教材理解、教法及学法设计转化为"教学活动"的一种课前预演；而课后说课中间需穿插教学视频结合课堂的真实教学情况边讲边反思，采取的是一种"夹叙夹议"的方式讲述，这种形式的说课真正达到了实际高于理论，使说课更加言之有物，言之有理。课后说课比课前说课更具有时效性，更具有推广价值，也是督促教师进行课堂教学研究、提高业务水平的重要途径，也是评估教学水平的有效手段。

（新疆生产建设兵团第十师一八八团中学曹燕撰）

如何编写导学案

一、新授课学案模式

1. 目标

知识目标：学生学习后要了解、掌握、运用概念、要点、规律等。

能力目标：通过学习学到了哪些能力。

情感目标：仔细挖掘蕴藏在学习材料中的道德情操、审美情趣和个人发展目标。

（目标要简洁、准确、清晰、全面，以知识目标、能力目标为主。）

2. 重点、难点

观察学生的认知水平、知识背景，预测可能会出现的难点，根据考纲，确定重点，提醒学生重点应掌握的问题，激发学生克服困难、解决问题的信心。

3. 自主学习，预习导引（预习案）

根据所学部分的核心内容和知识主线设计3~5个有思维价值的问题，引导学生通过预习明确主干知识，基本掌握简单知识，搞清疑难所在，以便有目的听课解疑。引导自主学习一般选一些填空、选择题，有内容、目标、要求，明确学会什么，疑问什么，进一步探讨什么。

4. 合作探究，问题导学

导学案问题设计要有层次、有逻辑、有内在的关联，解决一个问题又是解决下一个问题的前奏，引导学生通过自主学习合作探究在解决一个一个小问题中，自然解决重点问题，锻炼思维，逐步教会学生思考问题、解决问题的方法。学习内容设探究，知识生成要引导，留给学生去亲历。小组交流讨论，独立思考，设置多层次问题，如何引导合作探究，一定有必要的提示点拨。

5. 交流解疑，精讲点拨

针对关键词句、图片等，学习方法、记忆方法、理解角度、理论活用等活动方式的指导及疑难问题的索引、提示，是对学生自我学习的重要指导。点拨提升有层次。预设生成，重在引导点拨。

（每个知识框题都按照3、4、5环节进行，学—讲—练有机结合。）

6. 归纳小结

本项内容是对本节课所学知识、方法、规律的总结，在课堂上完成教学任务后进行，由学生在教师启发、引导下完成，如画知识树、概念图等。（教师的总结类似于板书主干知识的内容，但力求以不同的形式表述。）

7. 当堂检测　及时反馈

选择合适的题目检测课堂学习效果，发现问题或遗漏。

题量控制在选择题5～8个，简答题1～2个，时间5～10分钟。题目有层次性、逻辑性、有效性三个方面，使不同层次的学生都有收获。

8. 作业布置（巩固案）

根据课堂知识以及当堂检测的情况布置。

题目设置要分三个层次：易、中、难三级，以易、中级为主，少量难题（易：中：难 = 6：3：1），即关注大多数的同时，照顾优差生的学习需求。作业一定要适量，要加大检查落实力度。有针对性，避免重复。

二、复习课学案模式

1. 考纲要求

列出复习知识的考纲或考试说明要求，明确在教材中的地位和要求级别。

2. 重点、难点

结合以前的学习情况和知识的难易程度确定好复习的重难点。

3. 自主学习，自主梳理（预习案）

让学生在自主学习时间自主构建相关知识的网络，把握主干知识及规律，明确知识间的联系，找出以前学习存在的薄弱点、易错易漏易混点，并有重点地回扣复习。知识网络内涵力求翔实，并尽可能地扩充其外延，加强与其他知识的联系。

4. 合作探究，问题导学

问题设计以小综合题为主，要体现知识层次和内在逻辑关系，适当提升思维含量。引导学生通过自主学习合作探究进一步解决以前的知识遗漏和能力不足，解决重难点，锻炼发散思维，学会思考问题，解决问题的方法技巧。

（运用比较、综合等方法进一步明确知识的区别联系形成整体印象，提高知识、技能层次。）

5. 交流解疑，精讲点拨

针对关键词句、图片等，学习方法、记忆方法、理解角度、理论活用等活动方式的指导及疑难问题的索引、提示，是对学生自我学习的重要指导。

（每个知识框题按照3、4、5环节进行，学—讲—练有机结合。注重一题变式多练。）

6. 归纳小结

对本节课所复习知识、方法、规律、联系的总结，在课堂上完成教学任务后由教师总结，学生在教师启发、引导下修缮预习时所构建的知识网络。（教师的总结类似于板书主干知识的内容，但力求以不同的形式表述。）

7. 当堂检测

选择合适的题目检测课堂学习效果，发现问题或遗漏。

题量控制在选择题2～4个，简答题2个，时间5～10分钟。

8. 作业布置（巩固案）

根据课堂知识以及当堂检测的情况布置。

题目设置要分三个层次：易、中、难三级，以易、中级为主，少量难题（易：中：难＝6：3：1），即关注大多数的同时，照顾优差生的学习需求。作业一定要适量，要加大检查落实力度。

巩固案可以直接采用相关复习资料的题目。要求教师要先做，对题目进行删减或修改或优化组合。

三、讲评课学案模式

1. 预习案

提前下发批阅的测试卷及答案，让学生自主纠错、补漏。

2. 试卷分析

教师公布选择题正答率情况（或指出出错率较高的题目）以及非选择题的出错情况。分析试卷考查范围、试题难易程度、成绩分布情况及比较，并列出错因。

3. 自主学习自主分析

学生根据教师的试卷分析先自主总结，对自己试卷上出现的问题进行错因归类，对自己不能单独解决的问题通过小组合作讨论解决。

4. 合作交流分类精析

从试题中选取具有典型性的错题先让学生分析展示，其他学生补充或订正，教师适时引导、评价。针对错题，教师从知识、方法、能力等方面进行讲解和点拨。点拨要有启发和提升，不能就题论题，而是方法的总结，原理应用的技巧，解决问题的程序，知识理解的误区和盲点。点拨务要切中要害，言简意赅，具有指导性和启发性。切忌简单敷衍，空洞无物，词不达意。对题目的讲解最好做到题目模式化、类型化，讲清方法规律。

5. 交流解疑典题巩固

针对错题的错因选取合适题目进行巩固训练。

6. 总结反思

学生根据自身收获总结考查题目的知识、能力、方法技巧等。

7. 二次过关

选择适量题目进行目标重测，检查课堂效果。

（新疆生产建设兵团第十师一八七团中学王艳撰）

如何上好一节语文公开课

语文公开课是语文教学活动中为了展示语文教学过程的细化的一种教学示范课，它比平时的语文课课堂教学要求得更严谨、更细腻、更充分得多。

一、选题要好

作为语文课，按道理是随便哪篇课文都可以用来讲公开课的。事实上，课文选得好不好，是直接影响公开课的课堂效果。因为公开课你面对的是陌生的学生，学生的基础怎样你不知道，学生能否配合你也不知道，所以最好选择一些浅显易懂的课文，容易拓展的课文，才能使课堂气氛调动起来，看起来才像一堂生动活泼的公开课。如果你选的课文难度较大，那么学生在没有预习的情况下很难按照你的思路去发挥，很有可能在课堂上就出现冷场的现象。这种局面对于公开课而言，无疑是很尴尬的。

二、要精心准备

公开课也叫示范课，是展示给别人看的。因此，从备课到授课，都应该是完美的。例如，教学目的是否明确，重点难点突破得怎样，导语是否自然有启发性，教学环节是否连贯完整，学生的参与情况可能会怎样？包括课堂语言你都要注意，因为课堂语言是很容易看出一名语文老师的语文功底的。可公开课光解决这些不行，因为它的示范性，一堂公开课必须有亮点，亮点往往就在拓展延伸上。所以拓展延伸要考虑到既新又巧且简单，千万不能喧宾夺主。

三、公开课里的多媒体运用要恰到好处

教学条件好了，多媒体走进了城乡教室。似乎公开课不用多媒体就是落

后闭塞，跟不上形式。可是，是不是课件做得越精美就越好呢？未必。确实，多媒体在节省时间、帮助理解课文、拓展容量等方面是板书所无法企及的。但是，我认为在课堂上过多地运用多媒体课件，至少会产生以下弊端：

（一）丢掉了语文课本

我们看到的公开课，很少有教师拿着课本在那儿讲，往往是上课时，教师手拿着鼠标，用电脑演示教学内容，便很少有时间顾及教材；学生眼睛要盯着屏幕，思维要跟着老师的动作而变化，语文课本便成为桌子上的摆设了。多媒体可谓图文并茂，声文俱全，更容易吸引学生的注意力，但是在多媒体教学的课堂上，学生便很少有兴趣、有时间来关注课文本身，去理解和体悟语言文字，留在学生知识库存里的是被教师"咀嚼过了的面包"。阅读教学必须"鼓励学生多诵读，在诵读实践中增加积累，发展语感，加深体验与领悟"。而在这样的语文教学课堂内，学生哪有机会去诵读和体悟呢？

（二）固定的程序控制了课堂教学的全过程

一个多媒体课件，必有一个固定的程序，它体现的是教师上课前已有的教学思路、教学构思，教师在课堂里做的只是顺着这样的程序去演示、教学，这样的教学很难说是尊重了学生的实际学习需要，很难说是自主的学习。另外，课堂教学中经常会出现一些超出教师课件设计的问题，这时教师就必须调整多媒体课件，在公开课的课堂上，敢临时调整课件程序的老师实在是罕见的。

（三）造成学生思维的唯一性

教师在讲公开课时，往往是自己先设计好了题目，再千方百计引着学生按照自己的思路来回答。那么，语文课，特别是公开课，该不该用多媒体课件呢？我们在使用多媒体时不可绝对化，我们应该认识到这样两点：其一，整堂课都贯之以多媒体并无绝对的好处；其二，并非所有的课都非用多媒体不可。语文课上的课件还是简洁点好，简洁才有变化的余地。

要重视文本教学。我们听了很多的公开课，就有很多老师在拓展延伸方面大做文章，有时课文内容不到一半就上完了，然后就是课外阅读，拓展延伸。诚然，公开课若想得到好的评价，必须有亮点。这亮点在哪里？不在拓展延伸上就在精美的课件上，很少有单就授课给予很高评价的。所以就导致有些老师就在这些方面大做文章。凡公开课必有拓展阅读训练，而且这种趋势是每况愈甚。特别是公开课、示范课，往往因哗众取宠，标新立异为范。从而导致教师不屑从小处着眼，弃字词句篇章的教学如敝屣，为了"向课堂教学要质量"（其实已被理解为容量）一句话，很多教师好高骛远，视脚踏实地的教学为笨拙、缺乏创新。语文课的阅读教学要不要拓展？当然要。拓展是知识经济时代、信息时代的要求，也是高考现代文阅读的要求。大量的拓展阅读对于学生阅读水平、语文能力、认知水平的提高起着十分重要的作用。但拓展必须注意拓展的时间，还要注意阅读的量和阅读的质的问题。

大容量的拓展阅读最好放到课外，要想在40钟内让学生既完成课文的学习，又进行大量的拓展阅读是不可能的，课内还要强调字词句篇章的教学。叶圣陶先生讲过"课文不过是个例子"，学生首先要先消化这个例子，才能去消化额外的加餐，这是常理。

四、公开课要追求真实

"清水出芙蓉，天然去雕饰。"我们听过各级各类的语文公开课，发现有些老师在上课之前就先进行"编排"，演练台词、板书，教学生回答问题，待到上课时"得心应手"，博得观摩者的掌声和喝彩，我认为这与假冒伪劣产品一样应该受到打击的！

当然，我们要提高语文公开课的水平，还是离不开平时磨炼的，语文教师要不断学习，从知识到能力还有语言风格上不断提升自己。若想拿出一堂好的公开课，还是需要我们的老师和学生千锤百炼，在共同努力中去完成。

（新疆生产建设兵团第十师一八四团中学崔宜芳撰）

研学实践中实施合作学习、体验学习、探究学习的途径与方法研究

一、基本情况

学校全称								新疆生产建设兵团第十师北屯中学	
课题负责人 （校长）	王建新	性别	男	年龄	58	民族	汉族	职务	校长
								职称	副高
通信地址	新疆生产建设兵团第十师北屯中学文苑路 181号					邮编		836099	
课题主持人	林海霞	性别	女	年龄	45	民族	汉族	职务	教研室主任
								职称	副高
通信地址	新疆生产建设兵团第十师北屯中学文苑路 181号					邮编		836099	
在校教师总数	235	在校生学段		1—9年级		在校学生总数		3545	
学术 指导	主管部门教研人员		职务		学术指导工作单位				
	王鸽		教师		第十师北屯市教育局教研室副主任				
	林海霞		教师		新疆生产建设兵团第十师北屯中学教研室 主任				
参与 课题 研究 主要 人员	姓名		职称		研究分工				
	魏英		正高		课题策划、组织				
	林海霞		中高		课题策划、组织				
	张炳		中高		课题策划、组织				

	姓名	职称	研究分工
参与课题研究主要人员	唐文欢	中一	课题策划、组织、推广
	李德龙	中二	开题、过程、结题
	何鹏飞	中二	开题、过程、结题
	杨红梅	中二	开题、过程、结题
	顾佳欣	中二	开题、过程、结题
	张鹏	中二	开题、过程、结题
	冯伟	中高	开题、过程、结题
	宗海霞	中高	开题、过程、结题
	胡灵君	中一	开题、过程、结题
	杨新荣	中高	开题、过程、结题
	李坚	中二	开题、过程、结题
	杜娟	中高	开题、过程、结题
	祁志刚	中高	开题、过程、结题
	姬晓乐	中高	开题、过程、结题
	王玉兰	中一	开题、过程、结题
	郭雪梅	中高	开题、过程、结题
	邱春雨	中二	开题、过程、结题
	邵贝贝	中二	开题、过程、结题

二、课题论证

（一）课题研究的意义及价值

有效的学习活动不能单纯依赖模仿与记忆，动手实践、自主探究、合作交流是学生学习语文的重要方式。合作是人类社会赖以生存和发展的重要动力，学会共同生活，培养在人类活动中的参与和合作精神是教育不可缺少的重要组成部分。因而，我们的课堂教学就应营造浓厚的自主学习氛围，唤起学生的主体意识，激发学习兴趣，使学生调动自身的学习潜能，进行自主学习，成为课堂学习的主人。合作、体验、探究式学习作为对传统教学组织形式的一种突破和补充，教师要以学生发展为本应用到课堂教学之中，这是课程改革所倡导的自主、探索与合作的学习方式。

（二）课题研究的主要内容和拟解决的关键问题

针对我校学生在研学实践中的问题，对涉及各方面的资源进行选择和整合。通过研学实践，总结出在现有环境条件下产生的结果和影响。具体内容如下：

（1）根据我校现有课程的开发现状及目标体系的建构、课程模式的设计等进行详尽论述。

（2）立足我校实际，阐明研学实践中实施合作学习、体验学习、探究学习在运用中的重要意义，有利于推进课程改革的深化及素质教育的实施。

（3）落实每位学生每天在校能够运用合作学习、体验学习、探究学习的保障机制和模式。

（4）教师在研学实践中的专业发展。

拟解决的问题：

（1）拓宽学生认知的广度，提升其深度认知能力。通过在教育教学实践中实施合作学习、体验学习、探究学习的方法营造适合学生学习的环境。"以学生发展为本"的课堂教学，注重的是学生在感受和参与中体验到成功的快乐。

（2）增强学生个体情感体验，形成正确的价值观念。通过在教育教学实践中实施合作学习、体验学习、探究学习的方法留给学生足够的独立思考时间。合作学习是建立在学生个体合作需要基础上的，在学生个体解决某个问题遇到障碍，苦思而不得其解时进行合作学习才有价值，才有成效，才能形成正确的价值观念。因此，一次完美的研学活动，能让学生暂时脱离封闭的学习环境，并在各种互动中愉悦心情，同时把这种情感潜移默化地传递给其他学生，增强学生个体情感体验。

（3）加强学生个体的独立自主性，完善主体性人格。学生是研学实践的主体，在实施过程中扮演着重要的角色。教师精心设计有关于合作探究的问题要有利于促进学生动脑，主动探究知识；有利于集体研究，促进合作学习；有利于创新意识的培养。

（4）在研学实践中，教师要转变教育观念，尊重学生、信任学生，以学生为主体，从而充分调动学生学习的积极性、主动性、自觉性和创造性，让学生在有限的课堂教学中焕发生命的活力！

（三）课题研究实施步骤、阶段性目标和最终成果

第一阶段：实验准备阶段（2021年4—7月）。

（1）课题人员的确定；完成课题可行性分析；组织召开课题开题报告会及培训实验课题成员。

（2）聘请教育专家指导与研究，并组织参加试验的教师外出观摩学习。

第二阶段：实验探索阶段（2021年7月—2023年12月）。

（1）引导和促进教师扎实有效地做好常规课的教育教学。

（2）建立适合本校特点、目标多元、方法多样的激励性评价机制。对学习评价要关注学生学习的结果，更要关注他们学习的过程。

（3）切实抓好教师集体备课与学生日常的教育教学，继续开展各项活动。

第三阶段：实验总结阶段（2024年1—7月）。

（1）汇总课题研究资料，完成并撰写研究报告，将有关研究成果结集出版。

（2）完成对课题组成员的考核工作。

（3）成果鉴定。建立健全的理论体系，指导教学实践，邀请有关专家进行鉴定推广。

预期研究成果及其应用推广价值预测：课题研究报告，研究论文，反思，案例分析，调查报告，结题报告等；各种室外与室内课型的示范课课堂教学实录、教学课件等。

三、课题研究的可行性分析

（一）主要参加者的学术背景和研究经验

课题组负责人：王建新，58岁，新疆生产建设兵团第十师北屯中学党委副书记、校长，中学数学高级教师。他结合学校情况和地区特点，探索出"抓核心、促课堂、强质量、筑特色"的发展大纲，带领北屯中学走上了一条教科研发展的快车道，取得了许多优异的成绩。学校要发展，教师是关键。王建新校长要求每学期都开展微课、说课、基本功大赛、读一本好书、科研论文、朗诵比赛提升青年教师基本功；通过集体备课研讨、小课题研究、中考研讨会、同课异构、开发校本课程等强化教学质量；积极参与远程培训学习、新课程培训，加大经费投入，推动教师研修，通过校本教研、校际教研增进与各校的相互学习，实现优秀教师、优质资源共享。

课题组组长：魏英，53岁，新疆生产建设兵团第十师北屯中学副校长，中学英语高级教师，自治区特级教师。她倡导教师要以课堂为中心，以教研促教学。魏校长积极承担指导各级各类课题，目前5个国家课题，现已结题2个。其中，国家级课题"新课程下教师团队——集体备班研究"结题获得课题成果一等奖。兵团能力生根课题11个子课题均获佳绩。

课题组副组长：林海霞，45岁，新疆生产建设兵团第十师北屯中学教研室主任，小学语文教师，中小学高级教师。积极参加教科研活动，并取得可喜成绩：2014年7月林海霞在教育部全国"十一五"教育科学规划课题"中小学传统文化教育实践研究"中，因表现突出、成果显著获得先进个人奖；2016年3月中国高等教育学会教师教育分会聘请林海霞为中国高等教育学会教师教育分会科研课题"中华优秀传统文化与现代语文课堂教学实践研究"课题组研究员。2016年6月全国"十二五"教育科研"四先两优"评选中，林海霞荣获全国先进实验教师称号；2017年7月，在"十三五"科研课题"中华优秀传统文化与现代语文课堂教学实践研究"第一届年会举办的"课堂教学名师论坛"上作《用中华优秀传统文化滋养小学语文教学》主题发言，受到与会专家及老师们的欢迎和好评。2018—2019年度林海霞被评为中国高等教育学会教师教育分会"十三五"科研课题"中华优秀传统文化与现代语文课堂教学实践研究"课题优秀主持人。近年来多篇教学设计、教研论文、教学课件等在国家级课题评选活动中荣获一等奖。

课题组副组长：唐文欢，34岁，硕士研究生，新疆生产建设兵团第十师北屯中学小学体育教师，中小学中级教师。积极参加教科研活动，并取得可喜成绩：2014年12月至2016年9月，在全国教育科学"十二五"教育部规划课题、校本科研引领和促进基础教育质量提升的研究总课题组中，主持的"体育学科活动课程与校本教材研究"在国家级课题评选活动中获得一等奖。

（二）子课题的组织机构

新疆生产建设兵团第十师北屯中学具备良好的研究条件，我校十分重视教育科研工作，在人力、物力、财力上给予大力支持，我校具备浓厚的教育科研氛围，拥有较为坚实的研究基础。我校现有国家级课题1项，师市级课题若干项。并在最近几年完成了国家级"十三五"课题并已结题，荣获国家级一等奖。

（三）完成课题的保障条件

2014年6月承担了国家级课题"新课程下教师团队—集体备班研究"，2015年7月顺利结题，获得国家课题成果一等奖，林海霞因表现突出、成果显著获得先进个人奖。课题研究成果形成335模式并推广。2015年、2016年"十二五"教育科研"四先两优"评选中荣获全国先进实验学校，林海霞在2016年全国"十二五"教育科研"四先两优"评选中，荣获全国先进实验教师称号；2016年12月承担了国家级课题"基于优秀传统文化的语文课堂教学艺术研究"已经结题，经专家评审组评审为国家科研成果一等奖。在2019年"十三五"教育科研评选中荣获全国先进实验学校，王建新校长被评为课题优秀实验校长，林海霞被评为课题优秀主持人。

2016年9月林海霞承担了国家级课题"中国好老师"公益行动计划第三模块"如何关注和帮助有特殊需求的学生群体"单亲等特殊家庭结构学生的教育策略，教师优秀案例获国家一二等奖。

（新疆生产建设兵团第十师北屯中学林海霞撰）

"双减"背景下群文阅读在小学语文古诗词教学中的应用

一、基本情况

学校全称		新疆生产建设兵团第十师北屯中学						
课题负责人	王建新	性别	男	年龄	59	民族	汉	职务 校长
								职称 正高
通信地址	新疆生产建设兵团第十师北屯中学文苑路181号				邮编		836099	
课题主持人	林海霞	性别	女	年龄	46	民族	汉	职务 工作室主持人
								职称 中小学高级
通信地址	新疆生产建设兵团第十师北屯中学				邮编		836099	
在校教师总数	224	在校生学段		九年一贯制		在校学生总数		3430

学术指导	主管部门教研人员	职务	学术指导工作单位
	张令娥	第十师北屯市教育局教师研培中心主任	第十师北屯市教育局
	王鸽	第十师北屯市教育局教师研培中心副主任	第十师北屯市教育局
参与课题研究主要人员	姓名	工作单位	研究分工
	汪雪	新疆生产建设兵团第十师一八八团第二中学	撰写阶段计划
	王玉兰	新疆生产建设兵团第十师北屯中学	收集汇总阶段小结
	热孜古丽·苏来满	新疆生产建设兵团第十师北屯中学	收集汇总阶段小结
	付伟霞	新疆生产建设兵团第十师一八八团第二中学	设计调查问卷
	周海燕	新疆生产建设兵团第十师一八一团中学	回收调查问卷

续 表

	姓名	职称	研究分工
参与课题研究主要人员	崔宜芳	新疆生产建设兵团第十师一八四团中学	分析调查问卷
	王艳	新疆生产建设兵团第十师一八七团中学	查文献
	曹燕	新疆生产建设兵团第十师一八八团中学	收集阶段资料
	孟艳琴	新疆生产建设兵团第十师一八二团中学	整理课例资料
	钱珠凤	新疆生产建设兵团第十师一八四团第二中学	整理课堂实录资料
	李美娟	新疆生产建设兵团第十师一八五团中学	整理研究课资料
	贺瑞龙	新疆生产建设兵团第十师一八六团中学	上录像课
	李健英	阿勒泰市北屯镇小学	上研究课
	孙文博	福海县阔克阿尕什乡寄宿制小学	整理听课记录
	侯东梅	第十二师三坪农场子女学校	整理教学设计
	王婧	第九师小白杨中学	成果汇总
	李迎春	第二师二十一团中学	结题报告
	梁蓉	第四师可克达拉市第一小学	成果汇总

二、课题论证

1. 子课题的意义及价值

在小学语文课堂教学中，古诗词教学始终是难点。因为课本中的古诗词时空跨度相对较大，加之部分古诗词具有自身独特的创作背景，小学生社会阅历不丰富，难以感受其中深意和内涵。同时，古诗词的表达风格与现代白话文为主的表达方式迥然不同，导致教学过程中，教师多关注释义的翻译和诗句的识记，无暇顾及古诗文的文化底蕴。此外，学法指导需要的理性与古诗感性表达相矛盾。现在学生古诗词阅读量严重不足。我们的古诗词教学，主要以书本中内容为主，这样的阅读量是远远不够的，部分家长对学生此项学习的重视程度不高，学生缺乏阅读的良好资源与环境。

群文阅读是新课改后所提出的一种新型阅读模式。它的定义是教师根据教学需要，在选定主题范围内选择多个阅读文本，并指导学生通过形式多样、行之有效的方法进行阅读感悟、识记掌握，这样有助于学生对文章的理解，也能激发学生的阅读兴趣。师生围绕一个或多个议题选择一组文章，而后师生围绕议题进行阅读和集体建构，最终达成共识的过程。学生具备语文核心素养是教师进行群文阅读教学必备的要素，群文阅读教学是教师与学生共同合作完成的一项教学活动，而在此项教学活动中可以弱化教师职能，突出学生的主体地位。

在"双减"背景下利用群文阅读破解古诗教学中的问题与矛盾，从而更加有效地开展古诗词教学，不断提高学生的古诗词阅读能力和思考能力。帮助学生学会独立阅读、自主阅读。另外，群文阅读教学不仅可以提高学生的整合能力，还能提高学生的语言鉴赏能力以及语言构建与运用能力。

2. 子课题研究的主要内容和拟解决的关键问题

我们将在语文课堂教学中尝试让具有历史感的先哲文化现代化，给历史文化赋予现代气息，拉近学生与历史文化的距离，引导学生能用历史的眼光看待历史文化，能用辩证的思维接受历史文化。我们的研究就是既要继承发扬中华优秀传统文化的内涵，又要继承发扬传统课堂教学的优秀艺术形式。

通过掌握群文阅读方法提高学生的阅读速度，提高学生的阅读质量，让学生在阅读过程中扩充自己的知识量，提升在语文学习中运用技巧的灵活度，提高思维灵活性，在群文阅读中提高鉴赏能力以及语言构建与运用能力。使学生对语文的学习有自己独特的见解，发挥主观创造性，从而提升学生的语文核心素养。群文阅读落实语文要素的价值和意义，对语文教师专业成长起到积极的推动作用。

我们希望能探索出一套将两者完美结合的模式，借助群文阅读让中华优秀传统文化在现代课堂教学中焕发新的光彩！

3. 课题研究实施步骤、阶段性目标和最终成果

第一阶段：准备阶段（2022年7月至8月）。

（1）成立课题组，采用文献法组织课题组人员参加理论学习和培训活动。

（2）根据调查研究、与同事讨论，思考制订课题研究方案，申报立项。

（3）举行开题会，聆听多方意见，修改、完善课题方案并上交，定期整理课题研究资料。

第二阶段：实施阶段（2022年9月至2023年12月）。

（1）采用问卷调查、个别谈话、家长调研和师生访谈相结合的方法，对学生的古典诗词积累和影响学生古诗词阅读力的因素的实际情况进行科学的调查。

（2）结合本校各年级段学生古诗词掌握情况，认真学习研究与古诗群文阅读相关的文献资料，了解古诗群文阅读的基本常识，提升理论基础。

（3）探讨中小学各阶段学生古诗词群文阅读教学的要求、方法及相关研究成果。

（4）组织学生观看《中国诗词大会》《经典咏流传》等节目。阅读相关书、上网搜集资料，探讨古诗词的分类，激发学生学习兴趣，开展相关活动。

（5）结合学校特色教育，组织课题组成员进行教学观摩课活动，积极听取领导及同事意见，探索适合古诗词群文阅读的形式，组织一次魅力古诗词的活动，组织不同学段进行吟诵吟唱古诗词比赛，每组不少于4首，要求围绕统一的主题来选材，如"送别""友情""爱国""山水田园"等。

（6）举行课题研究展示课，以丰富多彩的活动为载体，对课题全面实施研究。

（7）利用假期，组织学生有效地分作家、分类别、分朝代，进行收集古诗词，并用自己喜欢的方式背诵古诗词。

（8）定期召开课题组成员研讨会，检查进展，探讨实施过程中遇到的困难，并及时进行阶段性经验总结。

① 每人完成一个经验总结，一个最能代表自己水平的教学方案评析。

② 整理资料。

③ 完成课题阶段总结报告。继续实施完善后的课题方案。

第三阶段：总结阶段（2024年1月至6月）。

（1）收集汇编资料，对课题研究的整体情况做细致的分析、总结，特别是要总结出中小学阶段古诗群文阅读基本要求。

（2）整理研究材料，提炼研究成果，编辑古诗词群文阅读研究成果集，分为小学低段、中段和高段三个层面。

（3）撰写课题研究报告，积极撰写课题阶段性论文。

（4）完成结题报告。

（5）对课题成果进行展示。

三、课题研究的可行性分析

1. 主要参加者的学术背景和研究经验

课题组负责人林海霞一直致力于古诗文诵读和古诗文教学的研究，所执教班级学生具有一定的古诗词积累，学生诵读古诗词的兴趣浓厚。林海霞同志2016年主持的"十三五"科研国家课题的子课题"中华优秀传统文化与现代语文课堂教学实践研究"在2020年结题，经总课题专家评审组审核评定为科研成果一等奖，林海霞被评为课题优秀主持人。林海霞主持的"核心素养下小学生自主学习能力培养研究"经评审组专家评定为教育科研成果一等奖，林海霞被评为课题优秀主持人。林海霞2021年科研规划课题子课题"研学实践中实施合作学习、体验学习、探究学习的途径与方法研究"已立项工作有序开展中。在2021年兵团说课、现场课评比中林海霞担任师级、兵团级赛事评委。成员汪雪老师带领本校教师致力该课题研究已经有一定的基础。其他成员老师均参加过各级小课题的研究，有一定的研究能力，在古诗词教学中积累了自己独到的见解。

2. 子课题的组织机构

兵团小学语文林海霞名师工作室。

3. 完成课题的保障条件

工作室全体成员均是各学校教研骨干、学科带头人，有课题研究的经验，为课题研究奠定了一定的基础。本课题组人员有较高的理论素养，研究组成员具备过硬的业务素质和丰富的实践经验。课题研究中大家能够协调合作，为完成课题提供充分的保障。工作室有专项经费，为邀请专家讲座指导、开展课题研讨交流等活动提供经费保障。

四、研究的思路和方法

1. 文献研究法

通过学习相关文献、书面材料分析，了解中小学生有关古诗词群文阅读教学的情况，以便从他人的研究中获得启示，促进课题的深层次研究。

2. 问卷调查法

通过问卷调查，了解本校学生古诗词阅读水平，课堂中的学习习惯和存在的问题。

3. 访谈法

对不同年级的教师、家长、学生进行访谈，通过访谈掌握学生古诗词阅读学习的困惑和需求，研究分析并提炼影响学生古诗词阅读力的因素。

4. 实验法

结合学生语文学科教育实际情况尤其是古诗词阅读教学实际，在学校语文课堂进行古诗词群文阅读教学模式的实验，考查对学生阅读力的影响。

（新疆生产建设兵团第十师北屯中学林海霞撰）

第五辑

阅读推荐，快乐分享

《给教师的建议》读书心得

推荐者：林海霞（新疆生产建设兵团第十师北屯中学）

类　　别：教育名著

书　　名：《给教师的建议》

作　　者：B.A.苏霍姆林斯基

　　译：杜殿坤

出版社：教育科学出版社

推荐理由

这是苏霍姆林斯基教育经典系列中的一本。《给教师的建议》是苏联当代教育家苏霍姆林斯基图书中著名的作品。《给教师的建议》原名《给教师的100条建议》，作者苏霍姆林斯基是一位具有30多年教育实践经验的教育理论家。为了解决中小学教师面临的实际问题，切实提高教育、教学质量，他专门针对教师，写了一百条给老师的建议。这一百条建议，内容丰富，全面地反映了作者的教育思想和教师实践。每谈一个问题，既有生动的实际事例，又有精辟的理论分析。文字深入浅出，饱含深情，非常有利于阅读，是一部教育的经典著作。

心得体会

《给教师的建议》是一本非常好的指导教育理论和实践的书。全书皆为经验之谈，涉及教师经常遇到的棘手问题，指导性强，读来令人倍感亲切、深受启发。我反复品读《给教师的建议》之后，感悟颇深、收获满满。

一、立足本职，爱岗敬业

在书中，作者提到了一位女教师工作几十年却不热爱教育事业的故事令我感触良多。如果对教育事业没有热爱只是强迫自己去做这份工作，不仅教育不好孩子，还会给自己带来身心的损害；如果在教育工作中找不到半点乐趣，那么这份工作简直就是一份煎熬、一份折磨。与此相反，如果是一位热爱教育事业的教师，在工作中找到了无穷的乐趣，并且发现了自己的价值，那么这种人生绝不会像那位女教师一样悲哀。很庆幸，作为一名教师，我一直热爱着所选择的职业，并愿意为它奉献出自己的一生。陪伴是最长情的告白，以自己的一片真心陪伴呵护着每一届学生健康茁壮成长，与家长齐抓共管，为孩子保驾护航。我想，这就是作为教师的价值追求和幸福所在。

二、掌控情绪，教导有方

面对不同个性的孩子，我们的教育工作经常处于不断变化的局面中，喜怒哀乐五味杂陈，我们深知个中滋味。掌控好自己的情绪，是教师的一种最必要的能力。在书中，苏霍姆林斯基给了我们一个消除激动和气愤的良方——幽默。他这样说："如果你具有幽默感，那么，最紧张的，有时能引起很长时间气愤的局面就可以得到缓和。"学生们之所以热爱和尊重快乐、不泄气、不悲观失望的教师，是因为他们自己是快乐的、具有幽默感的人。在我的课堂中，教学相长、交流互动、氛围融洽。我会适时来点小幽默，激发学生的学习兴趣，令他们感受到老师的殷切期望。教师只有在关怀学生人格尊严时，教导才能成为教育。

三、适时鼓励，教学相长

赏识教育，这个思想贯穿于苏霍姆林斯基的整个成功教育思想之中。他时刻提醒着我要让赏识常驻心田。在平时的教学中，特别是在做待优生的转化工作时，教师应该摒弃冷眼和偏见，用真情去浇灌，用爱心去培育。我准确把握每个待优生的闪光点，使他的优点得以升华、特长得到发展，使孩子真切感受到"我也有比别人强的地方""我也有自己的优势""原来我也并非一无是处"，从而正确地认识自己。正如书中所告诫教师们的那样："请记住：成功的欢乐是一种巨大的情绪力量，它可以促进儿童好好学习的愿望。请你注意，无论如何不要使这种内在的力量消失。缺少这种力量，教育上的任何巧妙措施都是无济于事的。"因此，当学生在生活和学习中遇到困难时，当学生遭遇失败时，当学生不敢尝试新事物，缺乏自信心时，当学生在做一件看似不可能做好的事情时，我会及时关注，并以微笑和毫不吝啬的鼓励话语，真心诚意地告诉他："你能做好，老师相信你，我与你同在，咱们一起加油……"

四、工作日志+教育随笔=教育日记

看了苏霍姆林斯基的《给教师的建议》中"关于写教师日记的建议"和"我怎样写教育日记"的两条建议，对我触动很大。苏霍姆林斯基说得好："我建议每一个教师都要写教育日记。教育日记并不是什么对它提出某些格式要求的官方文献，而是一种个人的随笔记录，在日常工作中就可以记。这些记录是思考和创造的源泉。"现在看完这两条建议后再想想，其实我们身边并不缺乏可写的东西。有时候同学间的一次争吵、同事一句令人深省的话语、与家长推心置腹的一次交流、开展主题教研活动中的深入研讨等，都可以点燃我们灵感的火花，只是我没有及时记录下来，等到再想写时已不留痕迹了。这是因为自己太粗心，不善于观察积累，教育随笔就无从写起。所以我们要做个有心人，写好教育随笔，将教育教学中学生的一言一行、一举一动在自己的眼睛里留下痕迹，将每一次组织培训活动、交流探讨随时随地记录下来，这样就会拥有很多宝贵的素材。

五、以书为友，爱上阅读

以往，当相关部门要求我们读好某书且写读后感时，我的第一反应就是抵触和抱怨：工作这么忙，哪有那么多的精力去读书、写读后感？每天必须做的几件事就占用了我们大部分的时间：备课、上课、处理学生之间的种种问题……现在还要抽出时间来读书，时间从哪里来？我真是不知道该怎样才能做好所有的工作……但我读到书中那位成功的历史教师说："对这节课，我准备了一辈子。而且，总的来说，对每一节课，我都是用终身的时间来备课的。不过，对这个课题的直接准备，或者说现场准备，只用了大约15分钟。"读到这里，我顿悟了：为什么有的特级教师能在课堂上得心应手、游刃有余，让人觉得听课是一种享受，这就是他们厚积薄发的魅力所在。

我对苏霍姆林斯基书中讲述的教育理论有了更深入的理解和感悟，对他的伟大人格充满了深深的敬意。

苏霍姆林斯基在书中提到，教师要想不断提高自己的教育技巧，只有持之以恒地读书，读书，再读书。读书应该成为教师的精神需要。读书不是为了应付明天的课，而是出自内心的需要和对知识的渴求。以书为友，爱上阅读，继续努力前行。

（新疆生产建设兵团第十师北屯中学林海霞撰）

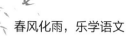

"一次别开生面的演讲"分享

今天我要和大家分享的是"一次别开生面的演讲"。

陶行知先生非常善于演讲，他的语言幽默风趣，生动形象，谁听了都会被他深深吸引，为他演讲中强大的逻辑力量所折服。在他一生无数次的演讲中，有一次别开生面的演讲，更是令人拍案叫绝，直到今天仍然令人回味无穷。

那是陶行知1938年在武汉大学做的一次演讲。那一天，大礼堂里挤得满满的，不仅全校师生都来听，就连附近学校的师生和各界人士也闻讯赶来。他们都知道，陶行知先生是著名的教育家，都想来一睹他的风采，并听他说些什么。

会议开始后，有几位教师先后上台做了演讲。轮到陶行知时，会场上响起了一阵热烈的掌声。只见他不慌不忙地夹着一个皮包走上了讲台。他戴着眼镜，穿着西服，未曾开口，先向全场扫视了一遍。大家屏息凝神，都望着他，等他开口说话。有的人还打开速记本，准备把陶行知讲的每一句话都记下来。

出乎大家意料的是，陶行知并没有讲话。他从包里抓出一只活蹦乱跳的大公鸡。公鸡喔喔地乱叫。台下听众一个个目瞪口呆，不知道他葫芦里卖的什么药。接着，陶行知从口袋里掏出一把米，放在桌上。他左手按住鸡的头，逼它吃米，鸡直叫不吃。陶行知又掰开鸡的嘴，把米硬塞进去，鸡挣扎着仍不肯吃。陶行知轻轻松开手，把鸡放在桌子上，自己后退了几步。只见大公鸡抖了抖翅膀，伸头四处张望了一下，便从容地低下头吃起米来。

这时，陶行知说话了："各位，你们都看到了吧。你逼鸡吃米，或者把米硬塞到它的嘴里，它都不肯吃。但是，如果你换一种方式，让它自由自在，它就会主动地自己去吃米。"

陶行知又向会场扫视了一圈，加重语气说："我认为，教育就跟喂鸡一样。先生强迫学生去学习，把知识硬灌给他们，他们是不情愿学的，即使去学也是食而不化。过不了多久，他还会把知识还给先生的。但是，如果让学生主动去学习，充分发挥他的主观能动性，那么，效果一定会好得多！"

陶行知讲完，把公鸡装进皮包，又向大家鞠了一躬，说："我的话讲完了。"便退下场去了。

陶行知先生所倡导的教育理论和方法与新课程理念不谋而合，他提出"教学合一""先生的责任不在教，而在教学，而在教学生学""教的法子必须根据学的法子""先生须一面教一面学"。他认为好的老师不是教书，也不是教学生，而是教学生学。教学一方面要老师负指导的责任，另一方面要学生负学习的责任。对于一个问题，不是要老师用现成的解决方法来传授学生，而是要把这个解决方法如何找来的过程，组织好，指导学生，使学生以最短的时间，经过类似的经验，自己将这个方法找出来，并且能够利用这种经验来找别的方法，解决别的问题。有了这种经验，学生才能自己去探求知识，成为主动学习者。

如果说学生是鸡，知识是米，我们强行按着，学生们是不愿意学习的，也会把学生们自主学习的欲望抹杀掉。所以作为一名教师，应该多学习陶行知先生的理念，并努力把这种理念贯穿于自己日常的教育教学中，体现在自己的每一节课上，体现在自己每一天的教育生活中。教育之路漫漫其修远，让我们怀揣一颗对教育、对学生真挚的心，在实践中慢慢解读陶行知先生的"生活教育"理念。

（新疆生产建设兵团第十师一八八团第二中学汪雪撰）

《做最好的自己》读书心得

高尔基曾说："书是人类进步的阶梯。"书是我们的好朋友，通过它可以"看"到广阔的世界，"看"到银河里的星星，"看"到中华瑰丽的五千年，"看"到风土人情和世间万象……对我们扩大视野、增长见识、丰富积累、提高素质，有着十分积极的意义。

我国伟大诗人杜甫说："读书破万卷，下笔如有神。"在"人人拥有一好书，人人读一本好书"的读书工程的号召下，我买了一本李开复先生的《做最好的自己》。

首先，吸引我的是书名，当书到手时我怀着好奇的心情去读这本书。读完后不禁觉得神清气爽。如何才能做最好的自己？这需要我们每个人深思。是的，更多的时候，大家都在审评对方，研究对手，却很少有时间静下心来了解自己。李博士用平实的语言为我打开了一扇了解自己、重新审视自己的心门。他告诉人们：做人不是只有自省才能更完美，但是不时自省能让自己更加清醒；做人不是简单地树立理想就可以轻松实现，但是没有理想的人一定无所适从；做人一定要有广阔的胸怀，真正做到严于律己，宽以待人，才有容天下之大量的非凡气度；做人要有勇气，真正敢于追逐自己梦想的人，才能让更多的机会停留在自己身边……他不仅提出了浅显易懂的"成功同心圆"说，而且运用了发生在他身边的大量故事来阐述成功的秘诀。这些故事很值得我学习和品味，从中吸取经验和教训，指导我走向成功之路。

其次，每个人对成功的理解不同。相信许多人和我一样，或许经常有这样的感觉：不知道什么才是真正的成功，怎样才能得到成功，搞不清真正的人生价值是什么，如何实现。现在看了李老师的"成功"学后，体会到：人与人之间千差万别，每个人都有自己的选择，不能用同一个模式去衡量所有人的成功，无论所处地位与名望的高与低，拥有财富的多与少，只有发挥了自己的兴趣和特长，对社会和他人有益，同时体验到了无穷的快乐，这就是成功，做到了最好的自己就是成功。

世界本来就是一个矛盾的集合体，每个人在生活中，都会遇到各种各样的抉择，但不需要为压力过重而苦恼，更不需要为了失败而哭泣，也不要让事情来主宰我们，而是要用积极的态度来主导，推动事情往更好的方向发展。

最后李开复博士认为：成功就是不断超越自己，就是"做最好的自己"。

对此我的理解就是每个人都有成功的机会，形式不同，成功的意义也不同，不要去在乎世俗的模式，只要自己努力去实现理想，并且每天都在向理想靠近，就是成功。成功的标准并不是单一的，社会给每个人提供了不同的舞台，只要在自己的舞台上将自己的价值发挥到极限，无论是令人瞩目还是平凡普通，都是成功。当然，在现实社会中或许我们每个人都有自己无法实现的梦想，我们的理想和现实永远存在差距。而许多事情是我们无法改变的，我们所能做到的就是改变心态，调节情绪，改变思考方式，不断超越自己，努力让自己的生命充分燃烧，做最好的自己。

读完《做最好的自己》，感到其实做好自己并不难。作为一名职业女性，工作经常陷入一种疲劳的状态，经常会被学生的问题搞得自己觉得很累，我知道这不应该是年轻教师应有的心态，但是总是控制不住自己的情绪，总是会被学生不如意的表现所影响，开始经常抱怨这抱怨那，甚至开始怀疑自己到底适不适合教师这个职业，刚参加工作时的热情减少了，这种心情影响到我的生活和工作，受李老师的影响，"既然只能当老师，那么悲悲戚戚是当，高高兴兴也是当，我当然选择后者！"

是啊，开心是一天，不开心也是一天，为什么不天天开心呢？可是，每天出现的让人头疼的事情，让人头疼的学生，怎么能高兴得起来呢？我经常想：多想孩子们可爱的地方，尽量把课上好，尽量和他们一起玩儿，这样孩子们就会越来越爱自己，每天生活在一个充满爱的环境中，又怎么能不高兴呢？

多么简单多么朴素的道理，为什么我当初就没想到呢？想想我们在工作学习中难免会与人产生摩擦，如果我们只盯着别人的错误，那么只能让矛盾越来越激化，但是如果想别人的优点，就会使我们很快冰释前嫌。为什么同样的问题发生在学生与老师的身上就这么不可调和呢？其实还是因为"爱"，如果我们给学生多点，再多点的爱，对于他们的错误我们用理解之心、包容之心、责任之心看待，而不去苛求他们像成年人那么懂事，师生关系会不会更和谐一点呢？在众多的压力与竞争下，要保持积极的心态，不论遇上什么困难都不要气馁，积极心态战胜一切困难，一样可以做到优秀。

事实证明，我们每个人都可以做一个最好的自己，都可以做到优秀。我们更不必为自己赶不上别人而太过自责，也不必因为境遇不好而太过感伤，怨天尤人。我们所需要做的，是追随自己心灵的选择，不求其他，只求做最好的自己。我们就会变成一个更美好、更大度、更成功的人！

（新疆生产建设兵团第十师北屯中学王玉兰撰）

《小学语文教师》读后感

俗话说："一寸光阴一寸金，寸金难买寸光阴""知识就是力量"，多学些知识是永远不会错的。自从走上三尺讲台之后，由于职业的原因，我更加喜欢看书、看报，并逐渐对教育书刊有所涉猎，其中我最喜欢《小学语文教师》。

在我的心目中，《小学语文教师》就是我的良师。书中一些新的教育信息、新的教育理念、新的教育教学方法，对我教学帮助很大。

作为一名小学语文教师，我更加希望能在教学方面得到一些切实具体的帮助，《小学语文教师》将怎样处理教材难点、怎样设计创造性教学方案等都为我们想到了。《小学语文教师》不仅有吸引人的故事，闪光的教育思想，精妙的育人艺术，还让我认识和了解到像于永正、李吉林、支玉恒、薛法根等教育界的精英人物，以及他们先进的教育理念，从他们的教学中学习先进的教育手段，慢慢运用到自己的教学工作中。

《小学语文教师》滋润了无数语文教师的茁壮成长，也为许许多多的青年语文教师架起了走向成功的桥梁，是培育教师成长的摇篮。她的风格十分朴素平实。她的百家讲坛特吸引人，教学点评中肯，教案设计新颖，教学随笔精致。她贴近教改前沿，是小学语文教改的冲锋号。

《小学语文教师》宣扬对学生生命的唤醒与赏识；宣扬人格平等基础上的情感交流；教育我们用心灵感受心灵，用生命点燃生命，用智慧开启智慧。因此，每当我竭尽所能地传授知识给学生却看到学生似懂非懂的目光时，我都能从《小学语文教师》中重拾信心；每当遇到教学中我也弄不太清、搞不太懂的知识时，《小学语文教师》为我解了燃眉之急；每当我想在教学上有所突破、有所创新时，都是《小学语文教师》为我导航，让我有所创想，寻到教学的亮点。

作为语文教师，我们要有永无止境追求教育事业的精神，这样我们才能对得起教师这个百年育人的神圣职业！

一分耕耘，一分收获。我一直坚信多读一些好书，一定会有许多意外收获，在这人生的黄金时间，我想我会一如既往地多读好书，在书的海洋中扬帆远航。

（阿勒泰市北屯镇小学李健英撰）

《好教育好人生》读书心得

　　我打开了那本乳白色封面的《好教育好人生》，拜读后轻轻合上。然而我的心却不能随书页的合拢而平静，我的脑海中仿佛是一片宽阔的海洋，作者肖川在平静的海面上投入一块石头，激起了层层涟漪，向外扩展久久不能平息。而紧紧抓住我的是那一句朴素却又有黏合力的话语："真正的教育只能建立在尊重与信任的基础上，建立在宽容和乐观的期待上。真正的教育存在于人与人心灵距离最短的时刻，存在于无言的感动之中。"

　　这是一本写给"教育者"的书。它的大部分章节是从教育教学中存在的现象入手，然后分析其弊端，并给出了解决问题的方法，即作者理想中的教育。他道出了教育成功的前提，点明了许多人失败的根源。它像一盏明灯，为我的教育导航，从中找到了不断完善自己的金钥匙。

　　人们常说：一个善于思考的人就是一个充满智慧的人。我想，只要我们回过头来用理性的眼光审视自己，我们就可以透过琐屑和繁杂逐步找到事物的本质规律，就能少走弯路。美国教育心理学家加涅指出，人类有一种特殊的智慧叫作"认知策略"，是对内解决问题的智慧。这是一种高级智慧和意识活动，即反思智慧和自我批判意识，这是使人"通向天堂、成为天使"的正确途径。反思就是行为主体对自身既往行为及其相关观念自觉进行异位思考的认识活动。反思不同于一般的回想或回忆。美国教育心理学家波斯纳说，没有反思的经验是狭隘的经验，至多只能是肤浅的知识。

　　我认识了这样一个道理：成长=经验+反思。因此，在平时的工作中，我都能进行很好的反思，总结工作中的得失，让反思成为一种习惯。就如肖川教授所说，"用真诚的文字，将平淡如水的岁月定格为永恒"，让生命在习惯的累积中越发凝重与雅致。我想，肖川教授的文字及其所承载的思想对我们的影响也远在"教育"之外。

在实践中不断对自己的教育教学进行研究、反思，对自己的知识和经验不断进行重组，形成在研究状态下的职业生活方式，才能适应新的变革，从容面对新的挑战，实现从经验型教师向专家型教师的转变。

智慧的形成是一个大量读书、不断反思、不断积累的过程，在领略肖川教授的《好教育好人生》魅力的同时，我们也应该对照自己的教育智慧与真情进行一番锤炼与升华。当我在与学生一道探究的时候，我们的教育才能在坚守与创造中向着理想的彼岸始终不断走向前去，尤其在我的教学之中更是这样的！

《好教育好人生》一书，让我读懂了教育，也让我读懂了人生。也许教师这个角色太小不起眼，擂不动那惊天大鼓，但我们可以时刻准备着，以智慧守望理想、以真情坚定信念，去追逐生命的完满、去求索教育的真谛。只有这样才能真正把肖川教授《教育的智慧与真情》一书读懂，读到心里去啊！这就是我最大的感悟。

最后，我想用摘取的教师誓言来激励自己——爱生如子，爱校如家，爱学如痴。做学生人生发展的有效引领者，做教育改革和学校发展的主动参与者，做终身学习的积极实践者。我会勇敢面对各种困难和挑战，与同事携手向前，践行学校核心价值，为打造优质校贡献自己的一份力量。

（福海县阔克阿尕什乡寄宿制小学孙文博撰）

《语文教师的文本解读》读书心得

推荐者：梁蓉（可克达拉市第一小学）

类　别：教师成长

书　名：《语文教师的文本解读》

主　编：阮美好

出版社：中国轻工业出版社

推荐理由

这本书专门探讨了语文教学中最核心、最基础的内容——文本解读。通过深入分析文本结构、语言特点、情感表达等方面，为教师提供了丰富的解读方法和策略。

心得体会

读完《语文教师的文本解读》一书，我豁然开朗，对文本及文本解读有了初步认识。

一、文本定义颇多

文本解读来自西方的"文本"一词，本义是波动、联结、交织、编织，并因此衍生了构建、构成、建造或制造等意义。解读是指通过自己的分析来理解编者的意图，了解编者写了些什么，为什么要这样写。也就是与文本编者对话，读懂编者意图。教师要对教材内容做出分析研究，确定教学内容，选择教学方法，设计教学过程，进行教学内容的重新建构，从单元目录入手，了解教材编写内容。要对教材文本（标题、图片、课文内容、问题设计、语法总结等等）进行研究，以及由此产生的众多教学构想。不仅要读懂文本的显性信息，也要读懂文本的隐性信息。不仅要读出知识与技能信息，也要读出情感态度、学习策略与文化意识。读后能形成单元技能树与知识树。要分析学情，要将目标细化、分层，并准确定位课时目标。

但教师平常对文本解读中有很多认识不足，如对认知价值、情感价值、思想价值、智慧（思维）价值、艺术（审美）价值、语言开发价值、写作模仿价值等认识会有很多欠缺。而且，由于我们平常教学中过分依赖"教参"和"资源库"而导致没有独立钻研课文，没有认真"倾听文本"，没有对文本语言内涵的深刻理解，没有对编者意图的准确把握。再说，还存在着文本解读难度大与教师文本解读力有限这一矛盾。

二、文本解读要点

文本解读应该解读什么？作为教师，要深入领会文本思想，准确洞察编者意图和教学目标；充分设想文本的着力点。要深入把握文本特征，深入理解文本内涵。要从语言知识、语言词汇特点、逻辑组织结构、课时目标、单元目标和课程目标等多方面考虑。要从学生的角度去思考：学生在阅读过程中会遇到什么问题、困难？这些问题和困难是什么原因造成的？学生会用什么方法解决？教师应怎样在学生的学习过程中给予必要而有效的帮助和指导？

在文本解读时要做到以下几点：

（1）从目录入手，了解本单元核心知识内容、地位和作用及基本学习要求。分析教材所涉及的基本内容，并梳理出单元知识结构框架。

（2）研究教材各部分编写意图，完成第一阶段的文本解读。参考单元技能树和知识树，分析学情，挖掘教材蕴含的价值（包括学习策略、情感态度、文化意识等方面的意义），形成课时目标。

（3）研究本单元围绕技能目标达成所设置的知识内容的构成、联系及可拓展内容，形成单元知识树，完成第二阶段的文本解读。按技能目标在文本中的体现整理形成技能树。能够准确描述知识的纵向与横向的联系，并能将知识置于某一个知识或能力框架内进行解读。

（4）深入挖掘本单元知识在学生发展中的教育价值。

（5）科学确定教学内容。能够根据教材内容，确定教学重点与难点。能够根据教材内容和学生的学习基础，确定教学重点与难点。能够根据教材内容和学生的学习基础，整合教学内容。

（6）关注学生的学习基础，并分析出学生在新知识形成过程中可能遇到的困难。了解学生学习已有的基础，找准学生阅读文本时的关注点，分析学生学习的困难。对学生的学习基础进行调研，根据调研资料和数据，对学生在新知识形成过程中可能遇到的认知和情感上的困难进行理性分析。

三、结语

为了提高文本解读能力，今后的教学中，我要努力做到以下几点：首先，从教学现象中审视自己，正确理解和把握文本价值取向。其次，多途径走进文本。再次，多层面审视文本。最后，多渠道丰富文本，提高自身的素养。

关注师生的互动、注重平等的对话、尊重学生的独特体验、捕捉动态生成的课堂资源……课堂师生关系、学习方式给课堂面貌带来了很大的改观。但是，品评课堂教学时总觉得遗憾颇多，而最后，教师又都会不约而同地把目光聚焦到"文本的解读"这一根源问题上来。追根究底，不难发现：现在教师在很大程度上关注了自己在课堂上的角色——创设怎样的学习情境、设计怎样的学习活动、预设学生生成的多样性等，但缺乏对文本的深入解读。

文本解读本来就不是一蹴而就的事情，语文的文本承载信息的丰富性。课文不应以教师的讲解分析代替学生的阅读实践，而应该让学生自读自悟，积极主动地思考、寻求问题的答案，这就需要我们文本解读的个性化。不仅要从文本的角度、从教师教的角度，还要试图从孩子们学的角度去体验文本提供的情绪感受。作为语文教师，要走的路还有很长，要学习的还有很多，我会学习解读文本中的多元性、言语性、兼容性、共享性。

（可克达拉市第一小学梁蓉撰）

《回到教育原点》读书心得

拜读了窦桂梅老师的《回到教育原点》，她坚持的理念是"我是教母语的，我是教人学母语的，我是用母语教人的"。她注重儿童习惯的养成，提出了"三个一"的质量目标，即"一手好汉字，一副好口才，一篇好文章"。

窦老师认为，让学生打牢基础才能让学生用一灵一肉支撑起"人"字的一撇一捺。窦老师的见解精彩纷呈，叙事说理声情并茂，既幽默诙谐又博大精深，让人看得意犹未尽、手不释卷。

窦老师在书中所叙述的一个个案例，流露出她对教育的孜孜以求，对孩子们深深的爱。我总认为一个人只有在他真心付出的时候，才会在乎。越是在乎，越是难忘，恰好也说明了他付出的越多，正是由于窦老师平时的真情付出，才换来如今他们师生之间的深情厚谊和不凡的教育人生。

从教以来，月月年年，我也曾彷徨过，也曾抱怨过，看完了这本书我无时无刻不被窦老师的对教育事业那份赤诚所感动，对她自我超越那份认真所震撼，对她对读书的痴迷和狂热而思索。一节课原来也可以是一种艺术品的展示，原来可以有如此美妙的享受，原来可以有如此深远的影响。而这一切是源于窦桂梅老师对梦想的不懈追求，源于她对理想的点点营造，才使她从一个山区的农家小姑娘最终成为一代名师。寒夜孤灯，她披衣裹被，捧书卷、闻墨香。我被她高雅的人格折服，更为她真诚的独白而惊叹。

一转眼，我走上教师岗位已有10年。在这10年中经过许许多多的四十分钟课堂，"课到底该如何上"这个问题从开始到现在一直从未停止问过自己？读了这本书让我明白其实我们需要在课堂四十分钟上见功夫，需要贯通教材，充分理解教材，需要课前认真周密地备课、揣摩学生和学科的特点，需要掌握丰富渊博的专业知识，需要关心周围的生活等。从这本书中让我感触最深的就是她爱阅读，正如她所说："有阅读，才能把辽阔的空间和漫长的时间浇灌给你，才能把一切高贵生命早已飘散的信号传递给你，才能把无数的智慧和美好对比着愚昧和丑陋一起呈现给你。""只要遇到书，我就情不自禁地翻阅，喜欢得爱不释手，有的甚至读上好几遍。"她读儿童经典，读文学社科经典，读经典教育书。在这本书中，她单单列举的经典教育书就有18本，原来她就是这样站在"巨人的肩膀"上登高远眺。

自从踏上教育工作岗位开始，阅读却越来越远离我，究竟是为什么？以前，我堂而皇之地用没有时间来安慰自己。可在《回到教育原点》这本书里，我却看到了无论工作多忙，都要披衣裹被、捧书卷、闻墨香的窦桂梅老师的样子。我想自己必须做个深刻检讨，因为我的读书意识还很淡薄，读书还没有成为我的生命需求。

"问渠那得清如许？为有源头活水来。"一名好教师首先应该是一名爱读书的教师；一所好学校应该是书香满园的地方。我告诉自己从今天开始不要再给自己拒绝阅读找任何理由和借口，拯救教师的阅读从自己做起，从今天做起！

（新疆生产建设兵团第十师一八一团中学周海燕撰）

《增广贤文》读书心得

读书时，我愿在每一个美好思想的面前停留，就像在每一条真理面前停留一样。

——爱默生

寒假时我在图书馆偶然看到彩绘版的《增广贤文》，捧着一看便爱不释手。这本书不但插图漂亮，读起来通俗易懂，而且故事生动有趣，以格言的形式讲述了很多为人处世的道理。《增广贤文》被人们奉为"做人的准则，处世的法宝，交际的妙术，治家的秘诀"。书中许多精辟的格言警句千百年来一直被人们广为传诵，这些格言警句蕴藏着前人丰富的智慧。例如，"读书须用意，一字值千金；有心栽花花不开，无心插柳柳成荫；三思而行，再思可矣……"读着这些名言，使我想起许多往事……

不知不觉妈妈已经70多岁了，爸爸五年前永远离开了我们，妈妈有多伤心，其实我和妹妹可以感觉到，有时我都不忍心看妈妈佝偻的脊背。"羊有跪乳之恩，鸦有反哺之义。"千经万典，孝义为先，我和妹妹轮流陪着妈妈，我还从北屯搬到了一八七团部，买下了妈妈隔壁的房子，一家人住在一起，就是为了让妈妈不寂寞。我的爱人是一个忠厚老实之人，他孝敬老人、爱妻爱子，没读过大学，也算不上精明之人，但他有着忠厚与孝道，有着诚信与善良。他常年在野外上班，守护着额尔齐斯河。我们聚少离多，但感情一直很好，真的像《增广贤文》中说的"一日夫妻，百世姻缘"……

捧着书，我还想到了教室里那一张张天真纯洁的笑脸，《增广贤文》作为中国古代启蒙读物，对普及文化知识、创造精神文明、治世育人等起过不可低估的积极影响和作用。时至今日，它仍然具有重要的借鉴作用和极大的参考价值，如"孝当竭力，非徒养身。""莺花犹怕春光老，岂可教人枉度春。""黑发不知勤学早，白首方悔读书迟。""寒可无衣，饥可不食，读书一日不可失。"开学后我和我们组的语文老师们商量了一下，决定把《增广贤文》推荐给一年级到三年级的孩子们阅读，让中华民族传统文化浸润到孩子们的心中。说干就干，从3月1日开学起，小学一、二、三年级每天早读时都会利用10分钟时间朗读《增广贤文》，学习里面的知识和智慧。走在校园里，听到琅琅读书声，便觉得孩子们是在与圣贤对话，是在一句一句、一天一天地明白着什么是真的孝敬父母、关爱伙伴，什么是坚定的理想信念。

《增广贤文》不仅让我懂得许多做人的道理，还让孩子们受到了传统文化的浸染，这是我最开心的事了。书中那精辟的格言警句"知足常足，终身不辱。人无远虑，必有近忧。黄金未为贵，安乐值钱多。但行好事，莫问前程"等，时刻引导着我的生活、工作。我相信在《增广贤文》的陪伴下，我的明天会一片灿烂。

（新疆生产建设兵团第十师一八七团中学王艳撰）

《我的教育故事》读书心得

类　别：教育随笔

书　名：《我的教育故事》

作　者：于永正

出版社：上海教育出版社

推荐理由

《我的教育故事》主要是讲于永正老师在生命最后阶段，他能记住的仍然是学生和课堂，这是他的职业境界，老师怀着一颗童心，诉说着对教学与课堂真诚的爱，他与学生之间的那些小事，一点一滴，使学生得到了精神滋养，成就一名教师的理想和荣耀。当年社会条件和物质基础很差，于老师能把一个个学生的冷暖记在心上，我最为感动的是他始终关心"普通学生"和"有困难的学生"，他的教育是引导着学生对文明的追求，让他们成为合格的人，他的学生也能记住童年教室里发生的事，记得老师四五十年前的一句话、一个眼神，并始终保持着对老师的感情和对教育的尊重。从这些故事中我看到的是教育的"立人"。于老师就像一团火，燃烧了自己，温暖了学生，也照亮了教育。

心得体会

教育的意义就在于发现每个学生的闪光点——鼓励他，戒骄戒躁，防止懈怠，一直沿着"正路"走下去。教育的魅力恰恰在于发现每个学生的弱点，引导、鼓励他努力由"不及"到"及"。

闲暇时，我拜读了于永正老师的《我的教育故事》。这本书是于永正老师在生命的最后半年，根据回忆自己的教育经历撰写的30篇教育故事，以及他在患病期间发表过的20余篇教育随笔，组合而成。这本书共分四辑。我最喜欢的是第一辑"我的教育故事"和第二辑"我就是语文"。一个个故事，深深地感动了我，从中透射出于老师的智慧、爱心、专业、尊重常识、悲悯情怀……

我在工作时一遇到班级里出现混乱局面，便束手无策，只好采取强制手段，加以"压制"，如厉声呵斥，或者把闹事者拉到教室外批评。于老师则是冷静、镇定，遇到问题，一般情况下不瞪眼、不发火。有一次，课堂上有两个学生为了一块儿橡皮争吵得差一点拳脚相加。于老师则语气平静而真诚地对其中一个大个儿男生说："这节课要默字，我忘记把听写本抱来了，请你赶快到办公室帮我抱来。本子就放在我办公桌上。"他二话没说，飞快地跑了出去。课堂立即风平浪静了。如果说"强制手段"是"硬实力"，那么请这位大个儿男生去办公室抱本子，便是"软实力"。"软实力"既不会伤害学生，也不会伤害教师自己，效果更好。"软实力"的别名叫"包容"。包容，是教师的心态、文化、修养和智慧的综合体现。"软实力"越强大，教师的教育就会越得心应手，收放自如。

给学生梳头，篦虱子，带学生就医，对贝贝的深切怀念，对庆涛的鼓励、引导和赞美等故事可以看出，在于老师的眼中，分数不重要，分数不等于本领，更不能和人品画等号。让学生成为一个"人"，比分数更重要。正如书上的话：

不是从孩子身上看到了希望，我们才相信孩子，而是我们相信孩子，才能看到希望。

不是孩子有了责任，我们才放手，而是我们放手了，孩子才有责任。

不是孩子听话了，我们才尊重孩子，而是我们尊重孩子了，孩子才会听话。

不是孩子成长了，我们才信任孩子，而是我们信任孩子了，孩子才能成长。

不是孩子优秀了，我们才接纳孩子，而是我们接纳孩子了，孩子才会优秀。

不是孩子可爱了，我们才爱孩子，而是我们爱孩子了，孩子才显得可爱。

"什么是语文？说白了就是语言。语文学科的使命是什么？是教学生学语言、用语言。教师怎样教语文？引导、点拨、示范。学生怎样学语文？多读多写。说得稍具体一点，语文就是教学生识字、写字、读书、背诵、表达（包括口头表达和书面表达）。至多再加一个：培养兴趣和习惯。如此而已！"一语惊醒梦中人。我以前只重视学生的基础知识掌握得是否牢固，对字写得是否优美不够重视；只重视学生的阅读数量，对阅读的质量要求不高，引导不到位，尤其是范读更少。今后我会重视学生的写字教学，不仅要写会，更要写漂亮；对于阅读教学，老师要多范读，要求学生在正确、流利、连贯的基础上，引导学生做到语气自然，在朗读中培养学生的语感和阅读理解能力。语文教学教什么？教学生不会的，讲学生不懂的，学生没有不爱听的。学生一旦"恍然大悟"，你不让他写，他也要写；你不让他念，他也要念；你不让他做，他也要做。也可以说，这是我的全部教学技巧——吃透学情，把握好教材，教学生不会的，讲学生不懂的。

翻看着一篇篇情真意切的教育故事，我仿佛感觉到自己的教育热情被重新点燃，狭隘的教学思路正慢慢打开，沉睡已久的教育初心已悄然唤醒。虽然我不具备于老师那样高超的教学本领和教育艺术，但我也有一颗热爱教育的初心。我相信，只要我们初心不改，以于老师为楷模，以于老师的教育故事为范本，我们也去试着关注每一位学生，不再只是关注分数；让学生从我们这里体会到尊重、平等、民主；我们经常把十个手指头伸出来告诫自己：尺有所短，寸有所长。这就是你的学生！

我们将沿着于老师的足迹，在自己的教育之路上幸福前行，书写下属于自己的教育故事！

（新疆生产建设兵团第十师一八二团中学孟艳琴撰）

《家庭作业的迷思》读书心得

书　　名：《家庭作业的迷思》

类　　别：教育随笔

作　　者：艾尔菲·科恩

出版社：教育科学出版社

推荐理由

　　《家庭作业的迷思》一书系统审视了人们对家庭作业的通常辩解，如提升成绩、巩固知识、训练学习技巧和责任感等。本书作者艾尔菲·科恩指出：没有任何一项上述假设，实际上通过了研究、逻辑及经验的检测。本书的分析一针见血地揭示了由于我们对孩子的不信任、对学习的一系列误解、对竞争力错误的关注，不仅使我们的孩子拥有越来越少的自由时间，而且使我们的家庭有了越来越多的矛盾。科恩告诉我们，应该反思孩子在学校及放学后的时间安排，以拯救我们的家庭及孩子对学习的热爱。

心得体会

　　我想读书是一件非常有意义的事。我们每一位教师，从无知走向丰富，从学习的校园走进了教学的校园。我们深深地知道读书的重要性。

　　读书能够丰富一个人的知识，提高一个人的境界，作为人民教师，传道授业是我们的基本职责，俗话说得好"没有金刚钻，揽不了瓷器活"，所以教师更应该与诗书为伴，与笔墨为友，只有不断从书中汲取营养，才能更好地在教书育人的岗位上换来芬芳满园的佳境。从我个人来说，尽管认识程度很高，但更多时候我是属于"眼高手低"之流，扪心自问时常常为少读书而感到困惑，为读书少而自愧不如。古人云："开卷有益"，一点不假。"腹有诗书气自华"的道理这里不必细说，今天单把我的一点读书体会与各位老师交流，以求共勉。

由于职业所限，我们老师每天都很忙，三尺讲台才是我们每天必须面对的舞台，回家后家务必须干，孩子必须管。总之，我们给了自己一万个不用读书的理由，想必学校领导是最了解我们心思的，把教师的假期作业安排了读书，这才不得不找本书来读一读。

近年来，"双减"政策已落地，对于教学有了更新、更高的要求，尤其在作业方面，让我们陷入了作业如何"减负增效"的深思。作业设计的新思考、新理念促使我们开始挖掘作业的本质。在其他老师的推荐下，我阅读了《家庭作业的迷思》一书，第一次阅读，收获恐怕也是浅显的，但当阅读之后，我愿再读一遍、两遍，甚至更多遍。

记得我们小时候上学，好像并没有很多的家庭作业，作业也比较基础。家长基本不用操心我们的作业情况。

如今，我成了一名教师，家庭作业无疑是我每天要面对的。很多的家长也纠结于孩子的家庭作业。细想来，家庭作业已经成了老师和家长之间建立联系的重要途径。就是这条途径，往往充满了焦虑与无奈。老师每天为了检查学生的作业而耗尽心思，尤其对于那些不做作业的学生更是使遍各种招数；有家长对家庭作业格外上心，孩子一进家门，第一句"问候语"便是"有作业吗？赶紧写作业。"老师和家长醉心于如何让学生做好家庭作业的时候，有没有想过：这些作业对孩子到底有多大影响，能够给孩子带来什么？

当然，反思自己，在减轻孩子们负担的这条路上，我也尝试做过许多，比如，采用灵活多样的方式布置作业，以前常布置的作业是抄词语，一抄就是三四遍，而我现在利用的方式是，告诉孩子们，我明天要听写词语，回去可以根据自己的情况，决定写或者不写，或者自己出题检测，而这一切，目的都是通过第二天的词语检测，当然我认为在给孩子减轻负担的情况下，这无疑是一个不错的方法。

我是一名教师，也是一位家长，在我看来，也许只有取得成绩上的胜利才是教育的胜利，孩子才能获得美好的未来，其实，我们也不希望自己有这样的想法，而现在的大环境，无法让我们真正转变理念，给孩子一次有意义的教育。我也曾迷茫，真正的减负应该从哪里做起。读了这本书，有所启迪，正如作者所说，那些向来认为家庭作业是必要的人，可能不会接纳别人挑战他们的想法，至少在刚开始是如此。作为教师，我们需要一次理念的转变；作为家长，我们需要一次观念的转变。

（新疆生产建设兵团第十师一八五团中学李美娟撰）

《昆虫记》读书心得

为了更新自身的教育理念，提高业务水平，增加课外知识，我和学生一起读了《昆虫记》一书，从中领悟到许多知识，受益匪浅。这些建议使作为教师的我有了更明确的方向，在工作中给了我极大的帮助，它就像一盏指路明灯鼓励我不断前行。

这是一本严谨的科普读物，你可能会认为这本书中的许多词都非常生疏，如"螽斯""松异舟蛾"，这些词令人抓耳挠腮，想不明白：为什么这本书中不用蝈蝈、松毛虫等这些比较平易近人的名字呢？不过我认为《昆虫记》首先是一部科普作品，它在科学上的价值大于在文学上的价值，不应该为了语言美而牺牲这本书的科学性。况且大家对"螽斯""松异舟蛾"这样的名字不熟悉，这正好说明了科普做得还不够好。

本书一共分16章，每章都是一篇观察日记。因为法布尔在奥朗日写了八年教材，文风逐渐成熟，所以这些章节中有许多句子使我耳目一新，尤为感兴趣。其中几句运用了比喻、拟人的手法，比如："它吃得瘫倒在水果旁边，就像一个酣睡的馋小孩，嘴角还沾着面包屑和果酱。"（这是描写花金龟的）还有一句描写孔雀天蚕蛾的，也使我深深着迷："棕红色天鹅绒外衣，白色的毛皮领带，翅膀中间的大眼睛如同彩色的虹膜，美貌非凡。"这两句话使我深受启发。其中那句描写孔雀天蚕蛾的话，我还将它运用到我的一篇说明文《蟋蟀的鸣叫》中，这篇文章在班上读了。

本书不仅能让你了解和知道"圣甲虫""多毛长足泥蜂""花金龟""大萤火虫"等各种各样的昆虫，还能让你学到许多写作方法。所以这不仅仅是一本科学巨著，还是一本文学宝典。读了《昆虫记》，对你的写作帮助也应该特别大！就像博物杂志的网红张辰亮所说的一样："这个中译本首先做到了动植物的中文名正规科学，这才对得起法布尔昆虫学家的身份。其次，语句通顺优美，不辜负《昆虫记》文学巨著的地位。"

（新疆生产建设兵团第十师一八六团中学贺瑞龙撰）

附　录

兵团小学语文名师工作室成员简介

🔊 林海霞简介

林海霞，女，本科，中共党员，自治区特级教师，现任北屯中学教研室主任，兵团小学语文教学专业委员会理事，兵团名师工作室主持人，十师语文学会理事长。曾获全国教育科学规划课题先进个人；全国"十二五"教育科研全国先进实验教师；"十三五"科研课题优秀主持人、课题优秀学术指导奖；中国管理科学研究院教育发展研究规划课题优秀主持人。兵团优秀教研工作者；兵团教研先进个人；十师小学语文学科带头人、名师；十师优秀教师、优秀共产党员、党务工作者等荣誉称号。

林海霞奋战在教育一线，深耕细作25载，在各级各类比赛中多次获国家、兵团及师市级一等奖。近5年主持课题6个，核心期刊发表论文8篇，多次担任各级各类赛事评委及命题专家。

教育理念：路虽远，行则至；事虽难，做则成。把自己正在做的事，做到极致。向下生根，向上开花，无畏无惧，勇往直前！

🔊 汪雪 简介

汪雪，女，满族，中共党员，籍贯：黑龙江省哈尔滨市，本科，现任第十师一八八团第二中学教研员，兵团小学语文理事会理事，十师小学语文理事会秘书长，兵团第十师小学语文名师工作室助理。师级名师，曾获国家课改优秀教师、第十师优秀教师、优秀教研员等荣誉称号。主持参与的多个小课题获国家、兵团一等奖，师一等奖。

教育理念：用心灵唤醒另一个心灵，以爱育爱。

🔊 王玉兰简介

王玉兰，女，中共党员，籍贯：甘肃省武威市，本科，现任新疆生产建设兵团第十师北屯中学教师，学科带头人，兵团第十师小学语文名师工作室助理。曾获校级优秀教师，优秀党员，优秀班主任等荣誉称号。参与的多个小课题获国家、兵团、师市级一等奖。

教育理念：发展他人，成就自我；赤诚初心，历久弥坚。

🔊 热孜古丽·苏来满简介

热孜古丽·苏来满，女，1984年12月15日生，中共党员，本科，新疆生产建设兵团第十师北屯中学小学语文教师，中小学一级教师。兵团小学语文、十师名师工作室成员，新疆生产建设兵团第十师北屯中学骨干教师。担任班主任工作多年，多次评为"优秀班主任"和"优秀辅导员"称号。年终考核中成绩突出曾被评为"优秀"和"先进"教师。所带班级班风纯正、学风优良，曾被评为"文明示范班"。

教育理念：爱心献给学生，诚心送给家长，信心留给自己。

🔊 侯东梅简介

侯东梅，女，汉，中共党员，小学高级教师，1977年9月出生，1997年9月参加工作，一直以来从事小学语文教学工作，兼任班主任。2015年9月获得阿勒泰地区教学能手称号，教学设计、教学课件等多次获得一、二等奖，多次获得优秀班主任、优秀教师、优秀年级组长、优秀教研组长、优秀中队辅导员、优秀共产党员等荣誉称号。

教育理念：教育是事业，事业的成功在于奉献；教育是科学，科学的探索在于求真；教育是艺术，艺术的生命在于创新。

🔊 李健英简介

李健英，女，中共党员，1976年12月生，阿勒泰市北屯镇小学教师，阿勒泰市及兵团名师工作室成员。近几年，坚持研究与参与教育专业课题，获得地区及自治区级课题组成员与主持人。参与各项比赛，获得地区级、自治区级、国家级论文、课件、微课等奖项。任职以来获得多项荣誉：市级优秀大队辅导员；市级优秀共产党员和优秀教师；地区级优秀教师；市级教学能手、学科带头人，地区级学科带头人。

教育理念：奋楫笃行，臻于至善；行而不辍，履践致远。

🔊 王婧简介

王婧，女，中共党员，1985年9月生，新疆生产建设兵团第九师小白杨中学教师，兵团第九师名师工作室负责人，第九师骨干教师，第九师学科带头人，兵团小学语文林海霞名师工作室成员。从事教育工作13年，一直担任小学语文教学和班主任工作。所教班级屡次获得优秀班级称号，个人多次被学校评为优秀教师、优秀教育工作者。2020年荣获师优秀特岗教师，2019年8月荣获校级骨干教师，同年9月被评为第九师小学语文骨干教师至今，多次被授予"三八红旗手""优秀教研组长""优秀共产党员""先进工作者"等称号。

教育理念：用爱浇灌，静待花开。

🔊 李迎春简介

李迎春，女，1988年1月生，本科，新疆生产建设兵团第二师二十一团中学教师，第二师骨干教师。在各级各类教学比赛活动中，多次获兵团级、师级荣誉，2022年参加兵团基本功大赛和现场课大赛均获得一等奖；撰写的论文多次获兵团级、师级荣誉；辅导学生撰写的《中华民族是英雄辈出的民族》荣登"学习强国"平台。被授予"第二师最美教师""第二师骨干教师""十佳德育工作者"等称号。

教育理念：捧着一颗心来，不带半根草去。

🔊 周海燕简介

周海燕，女，回族，中共党员，1989年12月生，新疆生产建设兵团第十师一八一团教师。2015年获得团场青年标兵荣誉、2019年师级优秀辅导员荣誉。主动承担班主任工作整7年，大队辅导员工作1年。连续多次获得校级优秀班主任、校级优秀教师荣誉称号。所带班级在2019年获得师市优秀中队荣誉称号。2021年被评为校级学科带头人。2021年担任小学教务主任工作至今，认真践行"四有好教师"。2021年至2022年连续两年被评为校级优秀教育管理者。2020

年至2021年连续两年年度考核优秀。

🔊 崔宜芳简介

崔宜芳,女,本科,于2011年8月就职于第十师一八四团中学。参加工作13年以来,积极参加各级各类比赛,2016年《守株待兔》获得兵团中小学录像课一等奖;2018年获得全国"中教杯"作文大赛指导一等奖、师市"师德标兵"、十师"优秀少先队辅导员";2018年所带班级获得兵团"优秀中队"称号、兵团教学实践评优三等奖、十师小课题研究获得三等奖;2019年获得十师优秀论文评选二等奖;2020年获得"兵团微课大赛二等奖"、2020年十师微课大赛一等奖;2021年所带班级获得了兵团"优秀中队"的称号;2021年获得十师小学语文说课一等奖、2021年十师小学语文现场课一等奖;2021年兵团中小学语文优质课展评活动二等奖。

教育理念:亲其师,信其道。

🔊 王艳简介

王艳,女,共产党员,现任第十师一八七团中学教研主任。自2000年工作以来,年年被评为校、团级先进教师,先后担任第十师一八七团中学小学语文组教研组长,校大队辅导员,校团支部书记,校教导主任、教研主任、女工委员,校民族舞蹈队辅导员,校播音主持小组辅导员等。先后被授予"全国优秀青年志愿者""兵团级""师级民族团结先进个人""三八红旗手""优秀支教教师""优秀教研员"等荣誉称号。

🔊 曹燕简介

曹燕,女,本科,中小学一级教师。从教17年,一直担任语文教师和班主任工作,2016年被评为"十师北屯市中小学名师",多次被评为"优秀教师""先进班主任"。多次代表学校参加师级说课、现场课比赛并获得一、二等奖。

教育理念:走进每一位学生的心灵,拥有姹紫嫣红的春天。

梁蓉简介

梁蓉，女，中共党员，本科，1986年8月生，新疆生产建设兵团第四师可克达拉市第一小学教师。2021年5月被评为第四师教坛新秀，2022年10月被聘为第四师骨干教师。多次被评为校级优秀教师、优秀中队辅导员，多篇论文发表在国家级教育期刊。

教育理念：发现人人，人人精彩，遇见光成为光。

付伟霞简介

付伟霞，女，中共党员，1988年1月生，新疆生产建设兵团第十师一八八团第二中学教师，兵团小学语文、十师名师工作室成员，学校小学语文教学骨干。2021年成为林海霞兵团小学语文名师工作室成员。2019年10月，在代表第十师参加兵团中小学语文教师基本功大赛中荣获兵团二等奖，在师级获得一等奖。2021年10月，在兵团首届中小学班主任素养大赛中代表十师参赛，荣获兵团一等奖，在师里获得一等奖。在职期间，2019～2021年连续三年考核为优秀，多次被评为校级"优秀教师""优秀班主任""师德先进教师""优秀少先队辅导员"。

教育理念：静心教学，潜心育人，把所有的爱献给学生。

孟艳琴简介

孟艳琴，女，本科，中小学高级教师。从教21年，担任小学语文教师、班主任、少先队大队辅导员、小学语文组教研组长、教务员等工作，多次被评为校级优秀班主任和优秀教师；曾获得师级优秀少先队辅导员和优秀教研员等荣誉称号。

教育感言：把机会让给学生，把精彩留给学生，把掌声送给学生，把期望带给学生。

钱珠凤简介

钱珠凤，女，中共党员，本科，1988年7月生，新疆生产建设兵团第十师一八四团第二中学教师，十师名师工作室成员，一八四团第二中学小学语文学科带头人。积极参加师市举办的各项活动，多篇论文发表在国家级教育期刊，辅导学生多次获得地师级三等奖、优秀奖；先后被授予"十师北屯市优秀少先队辅导员""优秀班主任""民族团结个人""先进教师"等荣誉称号。

教育理念：教师是学生的镜子，学生是老师的影子。

🔊 贺瑞龙简介

贺瑞龙，汉族，中共党员，本科，1988年2月生，新疆生产建设兵团第十师一八六团中学语文教师、德育处主任，十师德育理事会理事、十师名师工作室成员，一八六团中学小学语文学科带头人。参加师市举办的各项活动，辅导学生多次获得二等奖、优秀奖；2020年参加兵团基层干部双语培训班，获"优秀学员"荣誉称号；先后被授予"优秀教师""优秀共产党员""民族团结先进个人""优秀德育工作者"等荣誉称号。

🔊 李美娟简介

李美娟，女，中共党员，1988年5月生，新疆生产建设兵团第十师一八五团中学教师，十师名师工作室成员，第十师一八五团中学语文学科带头人。多次被授予优秀教师、优秀班主任光荣称号。

🔊 孙文博简介

孙文博，女，参加工作以来，多次被授予优秀班主任光荣称号。2019年参加兵地共建授课大赛，数学组荣获一等奖。2020年参加兵地共建授课大赛、语文组荣获二等奖。2019—2020年度被授予县级"教坛新秀"。

附：兵团第十师"小学语文林海霞名师工作室"成员名单

姓　名	职　务	单　位	职　称	备　注
胡水清	阿勒泰地区研培中心主任	阿勒泰地区研培中心	中小学高级	指导专家
杜　红	副校长	黑龙江省伊春市伊美区实验小学	中小学高级	指导专家
林海霞	教研室主任、小学教导主任、小学语文教师	新疆生产建设兵团第十师北屯中学	中小学高级	主持人
汪　雪	教研员 小学语文教师	第十师一八八团第二中学	中小学高级	助理
王玉兰	小学语文教师	新疆生产建设兵团第十师北屯中学	中小学一级	助理
热孜古丽·苏来满	小学语文教师	新疆生产建设兵团第十师北屯中学	中小学一级	成员
侯东梅	小学语文教师	第十二师三坪农场子女学校	中小学高级	成员
李健英	小学语文教师	阿勒泰市北屯镇小学	中小学高级	成员
孙文博	小学语文教师	福海县阔克阿尕什乡寄宿制小学	中小学一级	成员
王　婧	小学语文教师	第九师小白杨中学	中小学一级	成员
李迎春	小学语文教师	第二师二十一团中学	中小学一级	成员
梁　蓉	小学语文教师	第四师可克达拉市第一小学	中小学一级	成员
周海燕	教务主任 小学语文教师	第十师一八一团中学	中小学一级	成员
崔宜芳	小学语文教师	第十师一八四团中学	中小学一级	成员
王　艳	教研主任 小学语文教师	第十师一八七团中学	中小学一级	成员
曹　燕	小学语文教师	第十师一八八团中学	中小学高级	成员

姓　名	职　务	单　位	职　称	备　注
付伟霞	教研室主任 小学语文教师	第十师一八一团第二中学	中小学一级	成员
孟艳琴	小学语文教师	第十师一八二团中学	中小学高级	成员
钱珠凤	小学语文教师	第十师一八四团第二中学	中小学一级	成员
李美娟	小学语文教师	第十师一八五团中学	中小学一级	成员
贺瑞龙	小学语文教师	第十师一八六团中学	中小学一级	成员

（新疆生产建设兵团第十师北屯中学林海霞撰）